Zauber des Tarot

ECON Esotherik & Leben

Die Autoren

Wulfing von Rohr ist Sachbuchautor, Fernsehjournalist und Herausgeber. Gayan S. Winter ist Therapeutin und Seminarleiterin. Beide haben zusammen zwei erfolgreiche Tarot-Bücher geschrieben: »Tarot der Liebe« und »Tarot für Frauen«.

Wulfing von Rohr
Gayan S. Winter

Zauber des Tarot

Die Einführung für alle Kartensets und Legesysteme

ECON Taschenbuch Verlag

Veröffentlicht im ECON Taschenbuch Verlag

Originalausgabe

© 1996 by ECON Verlag GmbH, Düsseldorf

Umschlaggestaltung: KKK, Köln
Die Ratschläge in diesem Buch sind von Autor und Verlag sorgfältig erwogen und geprüft; dennoch kann eine Garantie nicht übernommen werden. Eine Haftung des Autors bzw. des Verlags und seiner Beauftragten für Personen-, Sach- und Vermögensschäden ist ausgeschlossen.
Lektorat: Heike Neumann
Gesetzt aus der Rotis Serif
Satz: Alinea GmbH, München
Druck und Bindearbeiten: Ebner Ulm
Printed in Germany
ISBN 3-612-19001-6

Inhalt

Zur Einstimmung 6
1. Was ist Tarot? 8
2. Was können Sie mit Tarot anfangen? 12
3. Archetypen im Tarot: die 22 Karten der großen Arkana ... 14
4. Personen im Tarot: die 16 Hofkarten der vier Farben 37
5. Ereignisse und Zeit im Tarot: die 40 Zahlenkarten 55
6. Die wichtigsten Legesysteme für allgemeine Fragen,
   Beruf, Geld, Liebe, Freizeit etc. 77
7. Tarot und Numerologie, Tarot und Astrologie 95
8. Die populärsten Tarotsets 97
9. Vordrucke für Legesysteme 117
Literaturhinweise, Seminaradressen 124
Das ECON-Programm der Reihe Esoterik & Leben 126

Tarotkarte (Tarot mit den weisen Frauen)

Dem Nichts entstiegen, lautlos aufgetaucht,
lebt nun dein Bild vor mir wie hingehaucht.
Es sieht mich an und lächelt so verzagt
und fragt, indem es lächelt, fragt und fragt ...

– Manfred Hausmann, aus: *Jahre des Lebens*

Zur Einstimmung

»Was ist's,
Das hinter diesem Schleier sich verbirgt?« –
»Die Wahrheit«, ist die Antwort. »Wie?« ruft jener,
»Nach Wahrheit streb' ich ja allein, und diese
Gerade ist es, die man mir verhüllt?«
»Das mache mit der Gottheit aus«, versetzt
Der Hierophant. »Kein Sterblicher, sagt sie,
Rückt diesen Schleier, bis ich selbst ihn hebe.
Und wer mit ungeweihter, schuld'ger Hand
Den heiligen, verbotnen früher hebt,
Der, spricht die Gott« – »Nun?« – »Der sieht die Wahrheit.«
»Ein seltsamer Orakelspruch! ...«

...

Kein Sterblicher, sprach des Orakels Mund,
Rückt diesen Schleier, bis ich selbst ihn hebe.
Doch setzte nicht derselbe Mund hinzu:
»Wer diesen Schleier hebt, soll Wahrheit schauen?« Schauen!

Friedrich Schiller, aus: *Das verschleierte Bild zu Sais*

Mögen Sie die Stimme des »Hierophanten«, der fünften Karte des Tarots, die Stimme des »Hohepriesters«, »Papstes«, »Meisters« oder geistigen Führers in sich hören und ihrer Weisheit folgen, wenn Sie sich daranmachen, die Schleier zu heben, die noch über Ihrem Leben liegen mögen.

Möge Ihr Leben von Licht erfüllt sein, und mögen Sie in Zeiten der Zweifel und der Fragen daran denken, daß alle Antworten aus Ihrem eigenen höheren Bewußt-Sein kommen.

Mögen Sie in den Tarotbildern Lösungen und Hilfen gespiegelt finden, die Ihr Leben klarer und kreativer, kraftvoller und glücklicher machen.

1.
Was ist Tarot?

Die Seele lebt in Bildern. Wir träumen in Bildern. Wir nehmen über 80 Prozent unserer Sinneseindrücke über die Augen auf. Wir sind zusätzlich zur Wahrnehmung von Umwelt, Menschen und Natur hinaus auch laufend von bewußt von Menschenhand gestalteten Bildern umgeben.

Bilder in Zeitungen und Illustrierten, Fernsehen und Kino, an der heimischen Wand und im öffentlichen Museum, Graffitibilder an Hausmauern und auf Schnellbahnzügen, Poster und Plakate, Bilder in Kirche und Kunst ...

»Ein Bild sagt mehr als tausend Worte«, lautet ein geflügelter Satz, den sich die moderne Werbung zunutze macht.

Das Wort *Bild* hat nach dem Herkunftswörterbuch etwas zu tun mit den Begriffen *Zeichen, Sinnbild, Urbild, wahrer Sinn, Vorzeichen* und *Erscheinung*. Die Tarotbilder beziehen sich tatsächlich auf Urbilder, auf Archetypen. Sie geben uns, wenn man sie recht lesen kann, wirklich Vorzeichen und weisen auf einen verborgenen Sinn hin.

Bilder bilden auch, sie formen, gestalten, signalisieren, rufen Erinnerungen wach und lösen Assoziationen aus. Die Bilder der 78 Tarotkarten sprechen den innersten Sinn für jene Bilder an, die tief in unserer Seele schlummern. Die Tarotkarten stellen so etwas wie 78 Spiegel der Seele und ihrer vielen Facetten dar.

Diese Spiegel in Kartenformat sind zwar nicht völlig leer, sondern scheinbar prall voll von Gestalten und Formen, Farben und Zeichen. Und doch hängt es entscheidend von unserer eigenen Betrachtungsweise ab, von unserer Lebenseinstellung, von der »Brille«, die wir im Moment gerade tragen, was wir in diesen Spiegeln erkennen.

Stellen Sie sich einen großen Garten vor, den Sie von oben

sehen können. Hier wachsen viele bunte Blumen, dort stehen schöne Bäume, Gemüse reift auf Beeten seiner Erntezeit entgegen, in den Hecken zwitschern Vögel. Und natürlich gibt es irgendwo im großen Garten auch einen Komposthaufen, einen Platz für Abfälle. Und selbstverständlich leuchten die Rosen nicht nur rot und weiß und gelb der Sonne entgegen, sondern tragen auch Dornen an ihren Stielen. Wir können alle Aspekte zur Kenntnis nehmen, aber welchen Aspekten dieser Wirklichkeit wollen wir uns widmen? Das liegt ganz an uns selbst!

Über die Herkunft der Tarotkarten wird viel gerätselt. Entspringen sie der altägyptischen Bilderschrift der Hieroglyphen, existiert eine geheime Verbindung zur magischen Symbolwelt der Pharaonen und Pyramiden? Einige Tarotforscher meinen das, zum Beispiel der französische Tarotexperte Papus und der weithin anerkannte deutsche Mythenforscher Bernd A. Mertz (siehe Literaturhinweise).

Andere Experten sind der Ansicht, daß die Tarotkarten im Zuge von Völkerwanderungen über fahrende Zigeuner aus Indien nach Europa kamen.

Der Herzog von Mailand ließ sich 1415 ein handgemaltes Tarotkartenspiel anfertigen, so liest man in den Annalen der Geschichte.

Sicher scheint: Das sogenannte *Marseille Tarot* ist das älteste nachweisbare Tarotspiel. Es stammt aus dem 14. Jahrhundert. Diese Fassung des Tarotspiels zeigt holzschnittartige Figuren, die durchaus eine dräuend-okkulte Atmosphäre verbreiten und auf unvorbereitete LeserInnen eher furchterregend als psychologisch aufschlußreich wirken können.

Seither sind eine Reihe teils sehr einfühlsamer, teils phantasievoller, mitunter auch esoterisch bedeutsamer neuer Bilderkarten entstanden. Diese Darstellungen gehen manchmal auf den Wunsch eines Künstlers nach kreativem Ausdruck im Rahmen der vorgegebenen Tarotthemen zurück, bisweilen wurden diese Bilder aber auch unter der Anleitung von Tarotkundigen entworfen. Die wichtigsten Tarotspiele stellen wir Ihnen am Schluß des Buches vor. Allen gemeinsam sind eine einheitliche Struktur und der Versuch, das Mysterium des Lebens in 78 symbolträchtigen Facetten zu spiegeln. Schauen wir uns zunächst die Struktur des Tarots an.

Tarot ist ein Kartenspiel, das aus 78 Bildkarten besteht. Diese 78 Karten werden in drei Gruppen unterteilt, nämlich
- in Seelenbilder oder Archetypen oder Urbilder, welche die 22 Karten der sogenannten »großen Arkana« bilden und auf große Lebensthemen hinweisen;
- in 16 Personenkarten oder Hofkarten in vier »Farben«, die zur sogenannten »kleinen Arkana« gehören, welche konkrete Menschen bezeichnen; sowie
- in 40 Zahlenkarten in vier Farben, die sich auf Ereignisse und Zeiträume beziehen und ebenfalls zur »kleinen Arkana« gehören.

Der Begriff *Arkana* geht übrigens auf ein lateinisches Wort zurück und bedeutet *Geheimnis*. Es gibt im Tarot also ein »großes« und ein »kleines« Geheimnis, nämlich das Geheimnis, daß archetypische Bilder den ganzen Lebenskreis eines Menschen symbolisch darstellen und Ratsuchenden Antworthinweise geben können.

Die Karten der »großen Arkana« heißen manchmal auch *Trümpfe*. Für die vier Farben der Personen- und der Zahlenkarten werden Sie einige voneinander abweichende Bezeichnungen finden, nämlich u. a.:
- Kelche, Kessel, Blüten
- Stäbe, Keulen
- Schwerter, Blitze
- Scheiben, Pentakel, Pentagramme, Münzen

Auf die verschiedenen Namen für die 22 Karten der großen Arkana in den verschiedenen Tarotspielen kommen wir an der entsprechenden Stelle zurück. Aus den vier »Farben« des Tarots haben sich die vier Farben unserer Spielkarten entwickelt, wie überhaupt die Spielkarten auf das Tarotspiel zurückgehen.

Wichtig ist uns der ausdrückliche Hinweis, daß die kurzen Deutungsworte, die auf manchen Kartenspielen unter dem Bild gedruckt sind, völlig willkürlich gewählt sind und meist sehr irreführend wirken. Nur zwei Beispiele: Karte 5 der Scheiben heißt bei Crowley »Worry« oder »Quälerei«; der Mond, Karte 18 der »großen Arkana«, heißt im Tarot der weisen Frauen »Illusion«. Auch die Entscheidung zahlreicher Künstler und Tarotdeuter, die Zahlenkarten überwiegend problematisch oder negativ darzustellen, ist fragwürdig. Im Abschnitt über die Zahlenkarten mehr dazu.

Wozu können Sie Tarot benutzen? Darauf gehen wir im nächsten Kapitel ausführlicher ein. Aber stichwortartig schon an dieser Stelle:
Tarot dient sowohl als Werkzeug zur geistigen Bewußtwerdung als auch zur gehobenen Unterhaltung. Die Karten »funktionieren« als Wahrsagekarten und als Orakel. Tarot kann im besten Sinne zum tiefgründigen Spiegel der Seele werden, der Selbsterkenntnis und Lebenshilfe reflektiert. Es liegt an Ihnen, wie Sie Tarot nutzen!

Ein Zitat aus Goethes »Faust« mag uns daran erinnern, daß wir keine vorschnellen, oberflächlichen Schlüsse aus den Karten ziehen:
»In bunten Bildern wenig Klarheit,
viel Irrtum und ein Fünkchen Wahrheit.«

Mögen wir alle die Suche nach dem Fünkchen Wahrheit ins Zentrum unseres Bewußtseins auf der faszinierenden Reise in die Bilderwelt des Tarots stellen. Nun aber schnell zur Tarotpraxis, zum Kennenlernen der Karten, zur persönlichen Deutung.

2.
Was können Sie mit Tarot anfangen?

Es gibt keine »schlechten« oder »bösen« Karten. Jede Karte hat ihre ganz spezielle Energie und Aufgabe. Wenn Sie sich vertrauensvoll der inneren Stimme öffnen, wirkt das Tarot wie ein Sprachrohr der Seele. Die Bilder fangen buchstäblich an, zu Ihnen zu sprechen. In Situationen des Zweifels, der Unentschlossenheit oder der Not kann das Tarot Ihnen helfen, Klarheit über die jeweilige Situation zu gewinnen.

Es zeigt, wie Sie sich im Inneren *wirklich* fühlen, auch wenn Sie zunächst gewisse Aspekte vielleicht nicht annehmen wollen (oder können), obwohl sie eine Realität in Ihnen sind. Es hilft Ihnen, offener und wachsamer zu sein und sich selbst in einem neuen Licht zu sehen. Das Tarot bringt eventuell eine Botschaft über eine neue Lebensaufgabe, oder es macht Sie darauf aufmerksam, welche inneren Bereiche, Themen oder Probleme verstärkt Ihre Aufmerksamkeit benötigen.

Ein guter »Tarotreader«, also ein/e TarotdeuterIn, spiegelt Ihnen genau den Zustand wider, in dem Sie sich im Inneren befinden. Er stärkt das Vertrauen in Ihre eigene innere Stimme. Das Tarot kann intuitiv erspürt werden, seine Aussagekraft trifft fast immer genau ins Schwarze. Wir selbst wundern uns auch immer wieder über die phänomenale Treffsicherheit des Tarot.

Wir können über unser »Unterbewußtsein« Kontakt auf tieferen Ebenen mit uns selbst herstellen. Wenn Sie möchten, können Sie zum Beispiel damit beginnen, eine einzige »Tageskarte« zu ziehen, die Ihnen Auskunft über Ihre innere Schwingung gibt und darüber, welches Thema wichtig für den Tag sein könnte.

Alles kommt aus Ihnen; die Karten selbst verfügen über keine magischen Energien, die man fürchten müßte. Im Gegenteil, sie repräsentieren die Archetypen in uns, die sich über unser ganzes

Leben in der einen oder anderen Form in uns und um uns manifestieren werden. Es ist gut, mit der eigenen Lebensaufgabe in Kontakt zu kommen, um nicht weiter Energien in sinnlosen Spielen zu verlieren. Durch die Einsichten, die das Tarot bringen kann, erweitert sich gleichzeitig unser innerer Horizont, sprich unser Bewußtsein.

Sie können sich selbst oder auch Freunden mehr Klarheit verschaffen, wenn Sie das Abenteuer Tarot zwar ernsthaft angehen, aber immer mit einer Prise Humor.

Wenn zum Beispiel der gefürchtete »Teufel« erscheint, geraten Sie nicht gleich in Panik! Die Karte erinnert vor allem an Bindungen, Abhängigkeiten und Suchtmuster des Gemüts und zeigt nicht etwa an, daß der leibhaftige Satan gerade vor der Haustür steht.

Wenn der Tod auftaucht, bedeutet das fast nie auch einen leiblichen Abschied. Ein Großreinemachen, eine tiefgreifende Transformation, ein Neubeginn, der fordert, etwas Altes loszulassen, findet zwar statt, aber das betrifft nicht den Tod des physischen Körpers.

3.
Archetypen im Tarot: die 22 Karten der »großen Arkana«

Die großen Arkana, die 22 Seelenkarten, Hauptkarten oder Trümpfe zeigen immer den Bereich im Leben an, auf den wir unsere Aufmerksamkeit ganz besonders richten sollen, da er eine neue Lernphase oder den nächsten Lebensschritt einleitet bzw. das unerfüllte Lebensthema oder ein ungelöstes Grundproblem symbolisiert.

Diese 22 Karten sind Wegweiser zum Lebenssinn zwischen Schicksal und Zufall, Karma und Freiheit. Es sind archeytpische Qualitäten und Prinzipien, wichtige Stationen und bedeutende Kräfte, die für unsere Orientierung eine wesentliche Rolle spielen. Es sind Sinnbilder von Hoffnungen und Ängsten, von Idealen und Möglichkeiten, von Selbstverwirklichung und kosmischem Erkennen.

Sie finden auf den nächsten Seiten:
- den Namen des Seelenbildes (und alternative Bezeichnungen);
- Stichworte zur allgemeinen Bedeutung;
- Hinweise auf die Lebensphase, die von dieser Karte symbolisiert wird; sowie
- einen Deutungstext, der die psychologisch-spirituellen Aspekte der jeweiligen Karte behandelt.

1 Der Magier

Allgemeine Deutung: Kreativität, Abenteuerlust, spielerisches Lernen, Mut, Wille.
Lebensphase: Weichen Sie dem Neuen nicht länger aus, sondern gehen Sie ihm mit Mut und Vertrauen, mit Einsatzkraft und Humor entgegen. Unternehmen Sie etwas auf der Grundlage einer inneren Kraft.

Der Magier fordert Sie dazu auf, spielerische Kreativität wiederzuentdecken und Ihrer Experimentierfreudigkeit freien Lauf zu lassen. Gehen Sie mit frischem Elan an Dinge heran, die schon lange auf eine Lösung warten. Die Energie des Magiers in Ihnen kann, wenn Sie dies erlauben, einen gewaltigen Aufschwung an Lebenskraft bewirken, der Sie sich um Jahre jünger fühlen läßt. Der Magier möchte, daß Mut und Vertrauen der Jugend in Ihnen wieder lebendig werden.

Alles Neue zieht Sie jetzt an! Sie sind bereit, ein wenig zu »jonglieren«, ohne gleich an den Dingen oder Menschen festzuhalten. Sie sind innerlich bereit, etwas zu wagen und für sich und Ihre Wünsche und Träume einzustehen. Ein gutes Zeichen für einen erfolgreichen Neubeginn!

Alles ist möglich, wenn Sie es sich vorstellen können ... Eine neue Art, mit den Dingen umzugehen und dabei auch noch Spaß und Freude zu haben, erwacht. Die magischen Kräfte Ihres Wesens möchten Sie jetzt daran erinnern, daß wahre Freiheit immer von innen kommt. Ein neues Lebensgefühl strömt durch Ihre Adern, es ist die kraftvoll pulsierende Frühlingsenergie, welche die Knospen dazu verführt, sich dem Licht zu öffnen!

2 Die Hohepriesterin (die Päpstin)

Allgemeine Deutung: die Stimme der Seele, das Wesen, Weisheit, Heilung auf allen Ebenen. Intuition. Schutz.
Lebensphase: Gehen Sie nach innen, hören Sie auf die innere Stimme, öffnen Sie sich für das unsichtbare Geheimnis des Lebens hinter den Schleiern der äußeren Formen!

Die Hohepriesterin mahnt uns, auf uns selbst zu hören, auch wenn die ganze Welt etwas anderes sagt. Das ist nicht einfach, es braucht ein unschuldiges Herz und viel, viel Vertrauen. Die Energie der Priesterin in uns, die wir alle haben, ob wir körperlich nun Mann oder Frau sind, ist der »unsichtbare« Aspekt unseres innersten Wesens, unserer Seele. Sie vermittelt uns das Gefühl spiritueller Geborgenheit. Ihre zarten, aber durchdringenden Schwingungen können uns leiten und heilen. Sie ist das »höhere Selbst«, das Wissen in uns, daß wir mit allem Leben um uns herum eine Einheit bilden und daß wir all die Energien, die wir ausstrahlen, letztlich wieder selbst auffangen werden.

Sie ist das Symbol der Gotteskraft in uns, die im Grunde weder männlich noch weiblich sein kann. Ihre telepathischen Fähigkeiten helfen uns, unseren Weg einfacher und direkter zu finden. Immer wenn sie erscheint, bietet uns der Himmel seinen besonderen Schutz an. Wir dürfen volles Vertrauen in unsere irdische Existenz haben, wir sind behütet. Die Hohepriesterin will uns daran erinnern, daß die unsichtbaren Kräfte ebenso real sind wie unsere materielle Welt. Ihre heilende Schwingung durchstrahlt unser Leben, wenn wir dafür erwachen und ihre Hilfe dankbar annehmen.

3 Die Kaiserin
(die Herrscherin,
die Urmutter)

Allgemeine Deutung: Liebe, sinnliche Weiblichkeit, Mütterlichkeit, Weisheit. Lebensphase: die Fülle und Schönheit der Weiblichkeit annehmen. Die Kraft, anderen Hilfe schenken zu können. Mutterschaft im wörtlichen oder im übertragenen Sinn.

Die Kaiserin ist die Hohepriesterin der irdischen Ebene, eigentlich die inkarnierte Priesterin. Sie bewegt sich in der Welt und unter den Menschen. Sie dürfen sich ihrem Schutz anvertrauen. Sie symbolisiert den Teil in Ihnen, der durch seine Reife, Weisheit und sein Mitgefühl den anderen eine große Hilfe sein darf. Wärme und Geborgenheit, gepaart mit Kraft und Weitblick. Verständnis für Schwächere und Jüngere. Mütterlichkeit, die nicht hemmend, sondern entfaltend wirkt!

Diese Kraft möchte sich durch Sie ausdrücken, wenn die Kaiserin zu Ihnen kommt. Das ist eine große Aufgabe! Sie können getrost auf Ihre eigene Stärke vertrauen und dabei sogar noch anderen Menschen zur Seite stehen. Wenn wir gewillt sind, unsere innere Energie der Kaiserin auch mit unserer Umwelt zu teilen, erfüllt uns dieses Geben mit Dankbarkeit und Zufriedenheit. Es gibt nichts Schöneres und Befriedigenderes, als anderen Menschen in Zeiten der Not zur Seite zu stehen. Diese wunderbare, selbstlose Energie, welche unsere wahre Menschlichkeit ausmacht und die nicht von Mitleid, sondern von Mitgefühl erfüllt ist, kehrt wie in einem Kreislauf ganz selbstverständlich wieder zu uns zurück. Die Kraft der Kaiserin schützt alles Leben, hütet den Wachstumsprozeß und zeigt uns den Weg zu unserem Herzen.

4 Der Kaiser (der Herrscher, der Urvater)

Allgemeine Deutung: Weisheit, Wille, führende Kraft, Reife.
Lebensphase: lernen, der eigenen weisen, männlichen Kraft zu vertrauen. Erwachsensein.

Der Kaiser symbolisiert den Vater, den wir uns immer gewünscht haben! Liebevoll, weitblickend, verständnisvoll und mächtig. Er ist kein kalter Patriarch, der seine Macht zur Manipulation von Schwächeren ausnutzt. Er ist das genaue Gegenteil. Der Kaiser steht uns mit seiner ganzen Kraft zur Seite. Wir dürfen seinen Rat annehmen. Er hat verstanden, daß seine Kraft nicht wirklich ihm gehört, sondern daß sie von Gott kommt. Er sitzt zwar auf seinem Thron, aber nicht beherrschend, sondern ordnend. Seine Macht hat Güte, und sein Urteil ist weise. Er kann regieren, ohne mit seiner Aufgabe allzusehr identifiziert zu sein. Das gibt ihm die Freiheit, die Dinge zu sehen, wie sie wirklich sind.

Seine Klarheit kommt aus der Stille, aus der Ruhe in ihm. Und trotzdem, oder gerade deswegen, ist er in der Lage, auch schnell und bestimmt zu handeln. Diese Karte kann Umstände anzeigen, die Sie dazu auffordern, erwachsen zu werden und Verantwortung zu übernehmen – für sich selbst und eventuell auch für andere. Es gilt, die Aufgabe des Kaisers anzunehmen und den eigenen Fähigkeiten zu vertrauen, selbst wenn Fehler nicht ausgeschlossen sind. Der Wachstumsprozeß, den der Kaiser andeutet, erfüllt uns mit einem neuen Gefühl der Selbständigkeit und inneren Kraft.

5 Der Hohepriester
(der Papst, der Meister,
der Hierophant)

Allgemeine Deutung: spiritueller Vater, Lehrer, innerer und äußerer Meister. Die Suche.
Lebensphase: Es ist Zeit, die innere Welt zu entdecken und sich der inneren Führung anzuvertrauen. Ein äußerer Meister kann helfen.

Daß der Hohepriester auftaucht, ist ein Zeichen dafür, daß wir nun bereit sind, nach innen zu sehen. Wir haben die ganze Zeit nur nach außen geschaut. Jetzt wendet sich unsere Aufmerksamkeit ganz von selbst nach innen. Das bedarf keiner Anstrengung, denn auf der inneren Ebene können wir mit unserem Willen nicht viel ausrichten; der Wille gehört in die äußere Welt. Hier im Inneren helfen nur ein tiefes Loslassen und Vertrauen.

Wir begeben uns auf unseren spirituellen Pfad. Das Äußere verliert seine Anziehungskraft. Dies ist der Augenblick, in dem wir vielleicht auch einem äußeren Meister begegnen. Oder aber wir beginnen, jetzt wirklich mehr auf uns selbst zu hören, und so wird das ganze Leben zu einem bewußten Lernprozeß. Wenn wir auf unser Wesen hören, dann bedeutet der Hierophant eine Öffnung zur inneren Welt. Wir beginnen, auf der geistigen Ebene zu lernen, es findet eine Art erster Initiation statt. Unser Bewußtsein erweitert sich, wir verlassen den Käfig unserer antrainierten Fesseln, wir lernen, die Wahrheit zu sehen. Obwohl wir auch aus Büchern viele Einsichten gewinnen können, bleiben wir dort nicht stehen. Wir begeben uns nun auch körperlich in Situationen, die wichtig für uns sind und in denen wir Erfahrungen machen können, welche für unser inneres Verstehen notwendig sind.

6 Die Liebenden (die Entscheidung)

Allgemeine Deutung: Seelenpartner, Liebe, Attraktion, Entscheidung.
Lebensphase: Sehnsucht nach Partnerschaft und erfüllender Liebe. Öffnung des Herzens.

Die Liebenden werden von allen Menschen, die Tarot legen, mit Freude begrüßt! Sie sind das Symbol der innersten Wünsche nach Liebe. Die Sehnsucht, sich mit einem geliebten Menschen zu vereinigen, kennt keine Grenzen. Wir sind jetzt bereit, in einer Partnerschaft zu lernen. Vielleicht steht auch eine Entscheidung zwischen zwei Partnern an. In jedem Fall berühren uns die Liebenden an unserer verwundbarsten Stelle: unserem Herzen. Wir müssen aber meist erst noch lernen, richtig zu lieben – ohne Rache am anderen zu nehmen, wenn Liebe sich nicht manipulieren läßt ...

Zu lieben ist immer ein Wagnis, denn Verletzungen liegen nahe, und der Liebe sind wir schutzlos ausgeliefert. Deshalb haben so viele Menschen Angst vor der Liebe. Aber damit beschneiden sie ihre eigene Lebensenergie. Die Liebenden wollen uns Mut machen zur Liebe! Nur wenn wir es immer wieder wagen, ganz nackt und bloß vor dem oder der Geliebten zu stehen, beginnen wir, ihr wahres Gesicht zu sehen. Es ist immer Gottes Gesicht, welches sich in dem strahlenden Leuchten eines geliebten Menschen manifestiert. Der Geliebte ist ein Tor zu Gott. Die Liebenden möchten uns die Augen öffnen, möchten, daß wir unsere innersten Wünsche erkennen und die Liebe in unser Leben einladen.

7 Der Wagen
(der Siegeswagen, das Gefährt)

Allgemeine Deutung: Neubeginn, Erfolg in der Welt, Wissen. Auch: innerer Weg. Lebensphase: Sie möchten jetzt noch einmal richtig durchstarten! Ein Plan manifestiert sich in der Materie.

Der Wagen kann Sie in eine völlig neue Existenz tragen! Innere Vorarbeit ist geleistet. Wenn das Ziel klar ist, steht Ihnen nichts mehr im Weg. Doch sollten Sie wissen, wohin Ihre Reise geht. Sie können die Kraft des Wagens nutzen, um zum Beispiel lang anstehende berufliche Veränderungen endlich einzuleiten.

Verlassen Sie sich dabei ganz auf Ihre Intuition, und lassen Sie sich, wenn möglich, nicht von Überlebensangst lähmen. Sobald Sie wirklich wissen, was Sie wollen und Ihre Energien nicht mehr zersplittern, wirkt sich der Wagen als Antriebskraft aus, erfolgreich im Inneren und im Äußeren. Wieder werden wir daran erinnert, uns selbst kreativ zu verwirklichen. Worauf Sie in dieser Zeit Ihre Aufmerksamkeit auch richten: Dieser Bereich wächst und erweitert sich und bringt Ihnen Gewinn. Innere Transformation bringt äußere Veränderungen mit sich. Machen Sie sich bereit! Wichtig sind auch Menschen, die Sie liebevoll in Ihren Plänen unterstützen und sich über Ihre Transformation freuen. Jetzt ist die Zeit reif, um sich mit frischem Elan und Mut auf einen neuen Weg zu begeben.

8 Der Ausgleich
(die Gerechtigkeit)

Allgemeine Deutung: innere Balance, innere Ruhe, Innenschau; manchmal auch: Unentschlossenheit.
Lebensphase: Stillhalten, Kontemplation, ohne zu bewerten. Bilanz ziehen.

Der Ausgleich ermahnt uns, daß es an der Zeit ist still zu halten, die Aufmerksamkeit nach innen zu wenden, damit wir unsere Balance wiederfinden können. Wir schauen zurück auf unser Leben: Was hat uns dies und jenes gebracht? Womit haben wir unsere Zeit genutzt oder vergeudet? Wann waren wir ehrlich mit uns selbst? Wir beginnen, uns ernsthaft mit uns selbst zu beschäftigen, uns selbst kennenzulernen. Wenn wir spüren, daß wir unsere innere Balance verloren haben, ist diese Karte eine direkte Aufforderung an uns, die äußeren Dinge für eine Weile ruhen zu lassen und uns selbst in die Mitte zu rücken. Für jeden Menschen kommen Zeiten im Leben, wo er sich nicht mehr vor sich selbst verstecken kann. Er mag noch andere täuschen, aber nicht mehr sich selbst.

Besinnung auf die wirklich wichtigen Aspekte im Leben steht an. Wir kommen dadurch innerlich wieder ins Lot. Der Ausgleich rät, daß wir uns in dieser Phase weniger mit der Außenwelt beschäftigen, sondern genug Energie sammeln können für unsere innere Arbeit. Wenn wir jahrelang nur nach weltlichem Erfolg gestrebt haben und uns plötzlich trotz allen Reichtums leer und verlassen fühlen, bringt uns der Ausgleich die Einsicht, daß jede übertrieben einseitige Aktivität schädlich ist und die lebensnotwendige innere Balance stört. Es ist Zeit, wieder zu sich selbst zu kommen. (Manche Tarotspiele nennen diese Karte Nummer 11.)

9 Der Eremit (der Einsiedler, die Suchenden)

Allgemeine Deutung: Alleinsein, Meditation, Rückzug vom Alltag. Inneres Licht.
Lebensphase: Eine Zeit des Alleinseins bereitet uns darauf vor, unserem inneren Licht zu folgen.

Der Eremit ist ein eindeutiges Symbol dafür, daß wir unsere Beschäftigungen und Spiele nun für eine Weile beiseite lassen sollen. Unsere Lebensenergie wendet sich jetzt ganz nach innen. Wir wollen allein sein und uns für eine Weile vollkommen aus dem Treiben der Welt zurückziehen. Dabei helfen Entspannung und Meditation. Diese Phase des Lernens findet immer allein statt. Dabei kann uns niemand helfen. Wir müssen jetzt lernen, uns der Angst vor dem Alleinsein zu stellen ...

Unser Inneres zeigt uns mit dieser Karte den Weg. Totaler Rückzug ist gefordert. Es wird sich tausendmal lohnen, wenn Sie diesen Wink des Schicksals befolgen.

Versuchen Sie, sich in dieser Zeit von Meinungen und Gedanken anderer fernzuhalten, damit Sie wirklich die Chance haben, ganz tief in sich zu gehen und sich selbst zu spüren. Folgen Sie Ihrem eigenen inneren Licht, selbst wenn es nur eine winzige Flamme ist! Hören Sie auf die Botschaft, die Ihrer eigenen inneren Stille entspringt. Haben Sie keine Angst oder kein schlechtes Gewissen, für eine Weile einmal nichts oder zumindest weniger zu tun. Es ist in Ordnung, nicht ununterbrochen produktiv zu sein, es ist gut, sich ab und zu wieder selbst in aller Frische und Freude zu begegnen und neue Einsichten zu gewinnen, die sonst in all der Hektik des Alltags verlorengehen.

10 Das Rad des Schicksals (das Glücksrad)

Allgemeine Deutung: Beginn eines neuen Zyklus. Glück. Wendung zum Guten. Karmische Geschehnisse und Bindungen.
Lebensphase: positiver Neubeginn mit vielen kreativen Chancen zur Verwirklichung langgehegter Wünsche; u. U. Konfrontation mit Folgen alter Verhaltensmuster.

Das Glücksrad hält, was es verspricht! Ein völlig neuer Lebensabschnitt bahnt sich an, in dem wir mehr Freiheit fühlen und uns selbst auf neue Art erfahren. Ein positives Vorzeichen für einen absoluten Neubeginn, für eine neue Lebensphase. Wir springen noch einmal mit frischem Mut auf das sich ewig drehende Rad des Lebens auf. Wir wissen, daß es auch durch Täler führt, aber wir haben gelernt, mit diesen Tiefen in uns selbst besser umzugehen. Wir wissen, daß es irgendwann auch immer wieder aufwärtsgeht. Unser Vertrauen ist gestärkt, unsere Neugier auf das Neue geweckt.

Wir wollen uns noch einmal ganz auf unser Leben einlassen und sehen, was diese Totalität bewirkt. Günstige Umstände helfen uns weiter. Gleichgesinnte Menschen spornen uns an. Wir haben die Kraft zur Veränderung in uns und nutzen sie auch. Jetzt ist die Zeit, den Sprung zu wagen, über den wir vielleicht schon eine Weile nachgedacht haben, die Arbeit zu wechseln, die energetisch nicht mehr für uns stimmt. Auch ein guter Anfang für eine Partnerschaft! Ortswechsel sind nicht ausgeschlossen. In jedem Fall Bereitschaft und Einstieg in einen völlig neuen Lebensabschnitt, der sich glückbringend auswirkt und in dem sich unser brachliegendes Potential entfalten kann.

11 Stärke
(Höhepunkt, Lust)

Allgemeine Deutung: Kraft, Eros, Genuß, Leidenschaft zum Leben; Lebenselixier. Das Weibliche führt das Männliche. Lebensphase: Öffnung zur inneren Kraftquelle göttlicher Energie.

Wir fühlen uns wie neugeboren, wenn wir die Lust zum Leben in uns wiederfinden. Lebenslust ist ein sehr wertvoller Faktor in unserer menschlichen Existenz. Sie kann Eros und Liebe beinhalten, kann in sehr kreativer Weise genutzt werden, und sie erfüllt uns in jedem Fall mit einer tüchtigen Portion frischer Lebenskraft. Diese Karte gibt das Signal, daß wir innerlich bereit sind, wieder lustvollere Energie in unseren Adern zu spüren. Der heilige Gral des Lebens öffnet sich in unserem Inneren und erfüllt uns mit ekstatischer Energie.

Halten Sie nichts zurück, wenn diese Kraft in Ihnen erwacht! Sie ist wie ein Frühlingswind, der Sie aufleben läßt und mit sich trägt, wenn Sie sich das erlauben. Nach einer Durststrecke sind Genuß und Spaß und Abenteuerlust mehr als willkommene Reisegefährten. Sie lassen alte Ängste jetzt leichter los und befreien sich erfolgreicher von alten, hemmenden Konditionierungen. Sie hören wieder mehr auf Ihren Körper und weniger auf Ihren Kopf! Der Körper besitzt eine viel tiefere Weisheit. Unsere Entfremdung von der äußeren Natur hat auch zu einer Entfernung von unserer inneren Natur geführt. Sobald Sie diesen Zusammenhang sehen, fällt alle falsche Moral ab, und Sie gewinnen wieder Zugang zum »Paradies«. Genießen Sie alles, was das Leben Ihnen jetzt bringt!

12 Der Gehängte
(Kopfüber, der Einsame)

**12
Der Gehängte**

Allgemeine Deutung: neuer Blickwinkel, ungewohnte Perspektiven, Loslassen, Einsamkeit, Stillhalten.
Lebensphase: Loslösung von Vergangenem, von alten Mustern; radikale Veränderung unserer Lebensausrichtung.

Der Gehängte bringt uns ein ganz besonderes Geschenk: Wir dürfen unsere Lebensansichten um 180 Grad verändern und eine große Portion unserer Vergangenheit, die bisher nur lähmend auf uns wirkte, loslassen. Dazu müssen wir jetzt lernen, wirklich stillzuhalten. Normalerweise rotiert ein Mensch, der sich im Chaos befindet, noch hektischer als je zuvor. Doch in einem solchen Zustand gibt es keine Lösung. Wir müssen deshalb erst einmal ruhig werden, die Wellen des Sees müssen sich glätten, bevor wir auf dem Grund etwas erkennen können. Das braucht Disziplin und Vertrauen. Der Gehängte ist ein Zeichen dafür, daß der Moment gekommen ist, die Welt neu zu sehen. Ihn zu mißachten wäre unklug, denn jetzt haben wir die Chance zu einer inneren Öffnung.

Wir können uns auch selbst aus einem völlig neuen Blickwinkel betrachten. Wie wir mit unseren Sorgen und Problemen umgehen, wie wir vielleicht sogar an ihnen festhalten, nur um eine Identität zu stützen, die nicht real ist. Es gibt so viele Spiele, die wir mit Hilfe des Gehängten jetzt durchschauen können, und diese Einsichten bedeuten letztlich eine neue Freiheit. Eine tiefe Transformation bahnt sich in unserem Leben an.

13 Der Tod (die Verwandlung)

Allgemeine Deutung: absolute Loslösung vom Alten. Großreinemachen, Abschluß, Beendigung, Verwandlung. Lebensphase: Wir können jetzt an nichts mehr festhalten, es findet eine tiefgreifende Veränderung statt, mit oder ohne unser Zutun.

Der Tod wird von fast allen gefürchtet, dabei begleitet er uns tagtäglich und kann zu unserem besten Ratgeber werden. Tod bedeutet radikale Transformation. Wir dürfen jetzt an nichts mehr unnötig festhalten. Diese Karte ist in den meisten Fällen kein Zeichen für einen körperlichen Abschied, sondern für eine umwälzende innere Ablösung. Alles Alte und Verbrauchte muß jetzt gehen. Ganz gleich, ob es innere Meinungen oder äußere Gegenstände sind, alles, was nicht mehr stimmt, wird losgelassen oder wird uns »weggenommen«.

Damit lernen wir eine der wichtigsten Lektionen auf unserem Lebensweg: Solange wir das Alte nicht lassen können, kann das Neue nicht nachkommen. Wenn sich eine Türe schließt, öffnet sich eine andere ... Wenn wir diese kolossalen Kräfte in uns wirken lassen und nicht dagegen ankämpfen, bewirken sie eine absolute Transformation unserer Werte, Ansichten, Einstellungen und althergebrachten Verhaltensmuster. Der Tod wird so zum Befreier. Jeder Mensch durchläuft einige Male im Leben solche Phasen der Erneuerung. Das Neue braucht Raum. Wenn wir das Vergangene loslassen, schaffen wir Raum für neues Leben. Der Tod macht uns bewußt, daß wir hier auf dieser Erde nur zu Besuch sind. Je bewußter uns das wird, desto intelligenter und liebevoller werden wir leben.

14 Die Kunst (das Maß)

Allgemeine Deutung: Vereinigung der Polaritäten, Freiwerden von Fixierungen, Maßhalten, Ausgleich zwischen Kräften. **Lebensphase:** Es geht um die Kunst, das rechte Maß zu finden.

Wir können fast alles im Leben tun und genießen, wenn wir das rechte Maß haben. Sobald wir ins Extrem gehen, laufen wir Gefahr, unsere innere Balance zu verlieren. Das Maß oder die Kunst will uns auf den alchimistischen Prozeß in unserem Inneren aufmerksam machen, der uns befähigt, maßvoll und intelligent zu handeln. Männliche und weibliche Energien haben jetzt die Aufgabe, sich harmonisch zu verbinden. Die Gegensätze lösen sich auf, werden eins, und Konflikte enden.

Diese Karte ist eine wundervolle Botschaft aus unserem innersten Wesen, daß wir nun bereit sein sollten, den Kampf gegen uns selbst aufzugeben und in Frieden mit all unseren Energien und Kräften zu leben. Dazu müssen wir lernen, uns anzunehmen, wie wir sind und nicht, wie wir sein sollten! Dazu gehört auch, daß wir höhere Ideale und menschliche Instinkte harmonisch aufeinander abstimmen. Einheit und Harmonie können nur dann in uns erwachen, wenn wir nicht mehr gegen gewisse Teile in uns ankämpfen, sondern wenn wir die positiven Ziele und Energien in uns aktiv fördern – wozu auch ein Stück Beherrschung und wache Öffnung für höhere Dimensionen jenseits des kleinen menschlichen Alltagsbewußtseins gehören. Nicht umsonst folgt diese Karte dem »irdischen« Tod! Echte Religion, d. h. Meditation auf das Göttliche in uns, kann eine Rückverbindung, ein Zurückfinden zum eigenen göttlichen Wesen werden!

15 Der Teufel
(die Verstrickung)

Allgemeine Deutung: Bindung, Verhaftung, Sexualität, Magie, egozentrische Kreativität.
Lebensphase: Aufforderung zur Befreiung von Verstrickungen und begrenzenden Vorurteilen und Verhaltensmustern.

Der Teufel, wie wir ihn aus den üblichen Kirchenlehren kennenlernen, ist eine menschliche Erfindung und wird deshalb fast immer mißverstanden. In Wirklichkeit verkörpert diese Karte enorme kreative Energie, die natürlich auch, wenn sie mißbraucht wird, zu Verstrickung und unguten Bindungen führen kann. Vitale Lebensenergie (nicht spirituelle!) und sexuelle Kraft sind eins. Sexualität zu verdammen ist unmenschlich, dumm und lebensfeindlich – sie zu vergötzen jedoch genauso! Alle irdische Form kommt aus dieser Kraft; sich gegen diese Energien zu wenden, macht uns krank. Genauso problematisch ist es aber auch, wenn wir unsere eigenen schöpferischen (sexuellen) Kräfte so maßlos überschätzen, daß wir vergessen, daß sie uns verliehen sind, um damit sinnvoll umzugehen – und wir diese Kräfte zwar »verwalten«, aber nicht »besitzen«.

Der Teufel ist Teil des unendlichen Mysteriums des Lebens. Er verkörpert nicht das Böse, sondern den »gefallenen Engel«, Luzifer, den Lichtbringer, der meinte, das Licht, das er zu den Menschen tragen sollte, sei sein eigenes und nicht das der Urkraft, das Licht Gottes. Diese Tarotkarte deutet auf selbstgeschaffene Verstrickungen, die wir nur dann überwinden können, wenn wir vom Ego loslassen, wenn wir anerkennen, daß es noch etwas Größeres als das menschliche Ich und seine menschlich-begrenzte Kreativität gibt.

16 Der Turm (der Blitz, das Haus Gottes)

Allgemeine Deutung: plötzliche Veränderung durch »äußere« Einflüsse, Durchbruch, ein »Blitz aus heiterem Himmel«. Lebensphase: energische Hilfe von außen, die selbsterrichteten Gefängnisse zu verlassen.

Der Turm ist immer ein Zeichen für radikale, schnelle Veränderung einer Situation oder eines Lebensstils. Er folgt der Karte des Teufels und zeigt an, daß das Schicksal selbst die Dinge für uns mit Macht in die Hand nimmt und verändert, wenn wir die Verstrickungen der vorigen Karte nicht aus eigener Kraft zu lösen vermögen. Wir bekommen die Chance – meist unfreiwillig –, veraltete, beklemmende Umstände aufzugeben und uns aus selbst gebauten Kerkern zu befreien. Nichts bleibt beim alten. Die aufrüttelnde Energie dieser Karte macht vor nichts halt.

Die Hochburg des Egos verliert den Boden unter den Füßen. Wir können uns nichts mehr vormachen. Es ist Zeit, alle Masken fallenzulassen und sich dieser inneren Transformation zu stellen. Der Turm bereitet den Boden für das Neue. Seine Kräfte müssen wir nicht fürchten, sondern herbeiwünschen. Das, was wir nicht von selbst loslassen konnten, wird uns jetzt genommen – und es ist immer zu unserem Besten! Es macht uns frei, leicht und lebendig. Unser verkrusteter Charakterpanzer hat ausgedient. Eine neue Art des Seins erwacht. Wir beginnen, uns wieder wie neugeboren zu fühlen. Der Turm fordert uns auf, die Bereitschaft zur absoluten Wandlung nicht länger hinauszuzögern, auch wenn wir zunächst nicht wissen, wo es hingeht. Vertrauen Sie in die positiven Kräfte der Zukunft!

17 Der Stern

Allgemeine Deutung: »Blick in den Himmel«, neue Hoffnungsschimmer, übersinnliche Wahrnehmung, globales Bewußtsein, »Füllhorn«.
Lebensphase: Öffnung für die Ganzheit der Schöpfung lehrt uns wahres Geben und Nehmen.

Der Stern ist ein wunderbares Vorzeichen für eine neue Öffnung auf unserem Weg. Wir sind sensibel genug geworden, um kosmische Inspirationen in unserem Leben zu empfangen und auch andere daran teilhaben zu lassen. Wünsche gehen in Erfüllung, neue Chancen und Möglichkeiten, »Glück«. Eine besondere Zeit, in der wir Demut und Dankbarkeit empfinden können, da wir lernen, die Geschenke des Lebens, die auf überirdische, »himmlische« Weise zu uns kommen, auch an andere weiterzugeben.

Der Stern ist immer ein Symbol der Hoffnung, ein Vorbote für Glück und eine Erinnerung an unsere himmlische Heimat. Wir sind ihr näher, als wir manchmal glauben. Das freie Fließenlassen der Lebenskraft bringt neue Zufriedenheit, überpersönliche Lebenskraft und Vertrauen in das Leben und seine Fülle. Ein Mensch, der nur gibt, wenn er auch etwas zurückbekommt, ist innerlich arm, ganz gleich, wie reich er äußerlich sein mag. Er weiß nicht, daß der Strom des Lebens ewig fließt, er hat keinen Kontakt mit seiner inneren Kraftquelle. Der Stern will uns einladen und dazu ermuntern, die göttlichen Kräfte durch uns hindurch fließen zu lassen, damit sie nicht nur uns, sondern auch andere Menschen berühren und ihnen neue Hoffnung geben.

18   Der Mond

18 Der Mond

Allgemeine Deutung: Sehnsucht, Träume, Visionen – oder Illusionen; Mystik, erweitertes Bewußtsein, Lebensrhythmen.
Lebensphase: Einstimmung auf die unterbewußten Schichten unseres Lebens; Gratwanderung.

Der Mond müßte eigentlich richtiger »die Mond« heißen, da seine Energien eher weiblichen Charakter haben; er ist unser nächster und mysteriösester Himmelsgefährte. Seine Kräfte bewegen unter anderem die Meere, füllen die Austern und bestimmen den weiblichen Zyklus. Vollmond wie Neumond wirken stark auf die Psyche des Menschen. Mit der Energie des Mondes befinden wir uns auch wie auf einer Gratwanderung: Durch die innere Nacht der durch das Ich bedeckten Seele gelangen wir zum Licht des höheren Bewußtseins. Träume und tiefe Gefühle spielen in dieser Zeit eine wichtige Rolle.

Die mystische Energie des Mondes kann uralte Seelenbilder zu neuem Leben erwecken und damit auch Illusionen und Enttäuschungen schaffen. In seiner magischen Welt gehen wir über unser Alltagsbewußtsein hinaus, treten ein in die tiefsten Ebenen unseres Seins. Hier haben die Spielregeln des Tages keine Gültigkeit mehr. Wir lernen dabei, höchst wachsam zu sein, jeder Schritt ist wichtig. Wir sind aufgerufen, die Schleier unserer Ignoranz zu lüften und aufzuwachen. Eine innerliche Initiation findet statt. Die manchmal fast unheimlich wirkenden Kräfte des Mondes fordern unsere Wachsamkeit heraus, alles Übersinnliche gehört in seinen Bereich, alles logisch sonst Unverständliche und Unfaßbare gewinnt neuen Sinn.

19 Die Sonne

Allgemeine Deutung: irdischer Erfolg, glückhafte Partnerschaft, Kreativität, Lebenskraft, inneres Licht.
Lebensphase: eine Zeit des inneren Glücksgefühls und der Anbahnung äußerer Erfolge.

Die Sonne sollte eigentlich »der Sonne« heißen, da diese Kraft dem Männlichen zugeschrieben wird. Die Sonne ist ein rundum gutes Zeichen für eine absolut glückliche Periode im Leben jedes einzelnen Menschen. Ihre Energie wirkt strahlend und lichtgebend auf unsere Psyche ein und bewirkt so ein kleines Wunder. Wenn die Sonne zu uns kommt, haben wir die Chance, einmal wirklich aus dem vollen heraus zu leben, zu lieben und zu feiern!

Ohne das Licht der Sonne gäbe es kein Leben auf der Erde. Licht und Leben sind also ganz eng miteinander verknüpft. So strahlend kann auch unsere innere Bereitschaft, die Sonnenenergie zu empfangen und zu leben, aussehen. Mit der Sonne haben wir wahrhaft das Glück auf unserer Seite! Ihre lichtspendenden Kräfte machen sich plötzlich in allen Bereichen spürbar und vermitteln uns ein wesentlich erfüllteres Lebensgefühl. Wir leben mehr aus unserer Mitte, aus unserem Zentrum heraus, eine neue Reife beginnt sich in uns zu manifestieren. Wir können jetzt Früchte ernten und genießen. Enthusiasmus und Freude begleiten diese Phase, und wir leben mehr und mehr aus der Quelle unseres inneren Lichts. Sobald wir einmal diese innere Quelle des Lichts erfahren haben, ist unser Weg niemals mehr dunkel. Die Sonne gilt auch als Symbol des inneren Lichts!

20 Der Ruf
(das Jüngste Gericht, das Urteil, das Äon)

Allgemeine Deutung: höheres Wissen, tiefe Einsicht, Transzendenz, göttliche Führung, Rechtfertigung, Urteile.
Lebensphase: Ablösung von der Vergangenheit, dem Ruf der inneren Stimme folgend.

Der Ruf erweckt uns, wenn wir wirklich hinhören, zu einem völlig neuen Leben. Der Ruf macht uns darauf aufmerksam, daß wir nicht nur aus einem sichtbaren Körper bestehen. Wir existieren nicht nur auf der materiellen Ebene, sondern auch auf feineren. Diese Karte hat auch etwas mit dem Gesetz des Karmas zu tun, mit dem ewigen »Was du säest, das wirst du ernten«. Sie erinnert daran, daß wir für alles, was wir in unserem Leben denken, fühlen, sprechen und tun, eines Tages geradestehen müssen. Damit mahnt uns diese Karte, das Leben sinnvoll und bewußt zu gestalten, solange wir den freien Willen dazu noch haben.

In dieser Zeit haben wir auch die Chance, andere Schwingungen wahrzunehmen, Schwingungen unseres Energiekörpers in Tiefenentspannung oder Meditation. Der Ruf weist uns auf inneres Wissen hin. Das Wissen, welches immer da ist, begraben unter der Sorgenlast des Alltags. Es ist Zeit, die Welt hinter der Welt zu sehen und das Leben hinter dem Leben zu erspüren. Unsere Kraft strömt jetzt nicht mehr ins Außen. Die äußere Welt wird ihre Anziehungskraft einbüßen; wir haben erkannt, daß sie uns nicht erfüllen kann. Wir sollten jetzt unsere Aufmerksamkeit auf das Innenleben richten und zur wahren Quelle des Seins zurückkehren.

21 Das Universum
(die Welt, die Schöpfung)

Allgemeine Deutung: Vollendung, Freiheit zum Neubeginn, Auflösung alten Karmas.

Lebensphase: Ein absolut neuer Lebensabschnitt bahnt sich an. Wir haben viel dazugelernt und können jetzt mit mehr Freude noch einmal auf das große Rad des Lebens aufspringen!

Das Universum lädt uns noch einmal auf einen Rundgang durch das Leben ein. Diesmal jedoch mit viel mehr Klarheit, Intelligenz und Liebe. Wir haben aus unserer Vergangenheit gelernt. Jetzt dürfen wir unser neues Wissen testen, und obwohl wir wissen, daß das Rad sich nicht immer auf dem Höhepunkt befindet, fürchten wir die Täler nicht mehr so sehr. Wir schwingen jetzt freudiger mit, denn wir wissen, daß nach jedem Tief ein Hoch kommt. Wir sind nicht mehr so sehr mit allem Auf und Ab identifiziert.

Eine gute Zeit, einen vielleicht lang geplanten Absprung zu wagen. Ein Neubeginn auf allen Ebenen ist jetzt möglich, gepaart mit mehr innerlicher und äußerlicher Freiheit. Veränderung der Lebensumstände, Umzug, neue Partnerschaft, ein anderer Beruf sind alles Signale für einen neuen Zyklus des Universums, der auf uns bereits jetzt einwirkt. Dieser Zyklus dauert meist einige Jahre und bringt uns uns selbst ein gutes Stück näher. Er kündigt sich an durch frischen Elan, neuen Mut und ausgelassene Lebensfreude. Er bedeutet eine Art von Wiedergeburt auf einer verständnisvolleren Ebene unseres Daseins.

22 Der Narr

Allgemeine Deutung: Freiheit, Unwissen; Mut zum Risiko, Ziellosigkeit; Ungebundenheit, Bindungslosigkeit.
Lebensphase: Die Kraft des Narren befreit von Konventionen, lebensfeindlichen Mustern und Konditionierungen.

Wenn sich der Narr zu uns gesellt, sollten wir aufatmen! Er zeigt uns den Weg in die Freiheit, nach der wir uns meist schon lange gesehnt haben. Der Narr in uns ist die Sicherheit, sich nicht mehr nach Meinungen und Vorurteilen anderer zu richten, sondern endlich der eigenen Stimme zu folgen und auf das eigene innere Urteil zu hören. Diese Kraft macht uns unabhängig von äußerer Liebe und äußerem Respekt. Wir haben begonnen, auf uns selbst zu hören und uns Kritik von außen nicht mehr so zu Herzen zu nehmen. Wir haben jetzt den Mut, unseren eigenen Weg zu gehen, unser eigenes Leben zu leben. Wir erkennen, daß denjenigen, die uns kritisieren, der Mut fehlt, sie selbst zu sein.

In dieser Zeit lösen sich manche Freundschaften auf, da viele die Weiterentwicklung eines Menschen, selbst eines Freundes, nicht verstehen wollen – weil das sie selbst zu stark herausfordert, auch an sich selbst zu arbeiten. Gewohnheiten werden unterbrochen, und man kennt sich nicht mehr ... Es gilt, die Ruhe zu bewahren und Ablösungen in Kauf zu nehmen als »Preis« für das neugewonnene Leben. Sobald wir uns verändern, verändert sich auch alles um uns herum. Der Narr ist ein wunderbares Symbol von Freiheit, Selbstverantwortung und Selbstrespekt. Er kann alles genießen; er muß nichts besitzen, und deshalb gehört ihm die ganze Welt!

4.
Personen im Tarot:
die 16 Hofkarten der vier Farben

Die Hofkarten heißen so, weil sich die Bezeichnungen der darauf dargestellten Personen auf das höfische Leben beziehen: König und Königin, Prinz und Prinzessin, Ritter, Page oder Bube. Aus diesen Figuren des Tarotspiels sind die Personen unserer üblichen Spielkarten abgeleitet, die Könige, Damen und Buben.

Etwas verwirrend ist, daß die Bezeichnungen stark voneinander abweichen. Hier eine Übersicht über die Namen in fünf populären Tarotspielen:

Rider-Waite	*Crowley*	*Weise Frauen*	*Tarot d. Liebe*	*1JJ*
König	Ritter	König	König	König
Königin	Königin	Königin	Königin	Königin
Ritter	Prinz	Ritter	Prinz	Ritter
Page	Prinzessin	Page	Prinzessin	Bube

Für die Deutung gehen wir davon aus, daß diese Tarotkarten lebendige Menschen bezeichnen, nicht Archetypen, Qualitäten oder Stationen wie die Karten der großen Arkana, die wir weiter vorne besprochen haben.

Wenn eine oder mehrere Personenkarten in Ihrer Auslegung fallen, können Sie davon ausgehen, daß reale Personen für Ihre Frage eine Rolle spielen. Eine Karte kann sich sowohl auf Sie selbst als auch auf andere Menschen aus Umgebung, Familie, Freundeskreis oder Kollegenschaft beziehen.

Da wir uns hier im Buch für eine Bezeichnung entscheiden müssen, haben wir die Deutungen der Hofkarten nach den Begriffen »König«, »Königin«, »Prinz«, »Prinzessin« geordnet.

Die vier Farben heißen (auch hier gibt es keine Einheitlichkeit in der Bezeichnung):
- Kelche, Kessel, Blüten; es geht um das Gemüt.
- Stäbe, Keulen; es geht um Geld und irdische Werte.
- Schwerter, Blitze; es geht um Verstand und Durchsetzung.
- Scheiben, Pentakel, Pentagramme, Münzen; es geht um Einsicht und Weisheit.

- Die Kelche stehen für Gefühle, für das Wasserelement, für Anpassung, für weibliche Energien; sinnliches Erleben.
- Die Stäbe symbolisieren Geist, gehören zum Luftelement, signalisieren Inspiration und männliche Energien; spirituelle Orientierung.
- Die Schwerter stehen für Auseinandersetzung, für das Feuerelement, für Kraft und männliche Qualitäten; Denken.
- Die Scheiben symbolisieren irdische Schöpfung, das Erdelement, Beharrungsvermögen und weibliche Qualitäten; Fühlen.

Der König der Stäbe

Allgemeine Deutung: Zielrichtung, Dynamik, Lebenserfahrung.

Die Kraft des Königs ist ausgewogen und bestimmt. Er weiß, wohin er reitet. Diese erwachsene männliche Energie kann uns jetzt helfen, unsere Ziele und Vorhaben zu verwirklichen. Der König stellt – wenn die Karte nicht uns selbst meint – auch manchmal eine Person in unserem Umkreis dar, die uns dazu inspiriert, die Zügel in die Hand zu nehmen und den Sprung ins Ungewisse zu wagen, oder die uns auf weise Art unterstützt. Eine Veränderung bahnt sich an und wird mit Geradlinigkeit und Klarheit vollzogen.

Diese Karte repräsentiert auch inneres Wachstum und feurige Energien, welche uns jetzt zugute kommen und helfen können, uns aus einer festgefahrenen Situation zu befreien. Sie symbolisiert eine Zeit der bewußten Herausforderung in unserem Leben. Die inneren Wandlungen spiegeln sich sehr schnell auch im Äußeren wider. Unser Tatendrang erwacht, und wir können Hindernisse jetzt leichter überwinden. Wir gehen die Dinge mit leidenschaftlicher Energie an. Durchsetzungskraft, gepaart mit Weitsicht und Wohlwollen, kennzeichnet die Wirkungssphäre dieses kraftvollen Königs, der ohne zu zögern auf sein Ziel zustrebt. Die Karte weist auf mehr innere Bewußtheit, sie zeigt uns die nächsten Schritte an und ermahnt uns, Kraft nicht mit Nebensächlichkeiten zu vergeuden. Dieser König ermuntert uns durch seine lebensvertrauende Dynamik, seinem Beispiel zu folgen!

Ein reifer Mann, der Weisheit, Schutz und Führung anbietet.

Die Königin der Stäbe

Allgemeine Deutung: Selbstbewußtsein, Mitgefühl, aus dem Zentrum heraus leben.

Diese Königin fordert uns auf, ihre Qualitäten in uns zu fördern und wachsen zu lassen, damit wir nicht nur uns, sondern auch anderen Menschen mit Rat und Tat zur Seite stehen können. Diese in sich ruhende Kraft, die wir alle auch in uns tragen, vergeudet keine Energie mit unreifen Spielen. Sie hat alles, was sie braucht, in sich. Sie muß nicht mehr im Außen nach sich selbst suchen. Sie erinnert uns an unsere eigenen inneren Fähigkeiten und daß wir ebenso wie sie dieselben Kräfte in uns tragen, die dabei helfen, unsere eigene Mitte zu finden. Sie erweckt uns zu unserer eigenen inneren Weisheit und Güte.

Die Ausgewogenheit ihrer weiblichen und männlichen Energie gibt den inneren Ansporn, diese Balance auch in uns zu entdecken und zu entfalten. Sie ist eine gute Partnerin bei jedem Versuch, selbständiger zu handeln und zu denken und den wahren inneren Werten mehr Gehör zu schenken. Sie ist eine belebende, mutmachende, weise Kraft, die weder andere noch sich selbst beherrschen muß, da sie aus einer natürlichen Form der inneren Autorität heraus lebt und wirkt.

Eine erfahrene Frau, die Verständnis und Weisheit ausstrahlt und Sie auf sanfte Weise an die Hand nehmen kann.

Der Prinz der Stäbe

Allgemeine Deutung: junge Liebe, Mut, Kreativität, Lebensfreude, Freiheit.

Dieser liebenswerte junge Prinz begrüßt uns mit der Gewißheit seiner inneren Freude und seines befreienden Mutes! Auch wir tragen diese wundervolle, junge, vor Lebenslust sprudelnde Energie in uns, welche jetzt an die Oberfläche dringen möchte, um sich in der äußeren Welt zu manifestieren. Dieser sonnigen Kraft steht nichts im Weg, denn die Unschuld und Reinheit seines spontanen Wesens wirkt befreiend auf allen Ebenen.

Der junge Prinz ist wie ein Frühlingssturm, der unser Herz öffnen will und uns an die Zeiten in unserem Leben erinnert, in denen wir genauso spontan und frei waren wie er. Diese Spontaneität und Freiheit sind immer noch in uns vorhanden, vielleicht begraben unter all den Sorgen und Problemen des Alltags, aber trotzdem noch genauso lebendig wie früher. Der Prinz möchte uns daran erinnern, möchte uns aufwecken und mitnehmen auf seine erregende, von Leben pulsierende Fahrt in eine neue Lebensphase. Er vertraut seiner kreativen Kraft, seinem Mut, seiner Lebensfreude, denn er weiß, daß diese Kräfte ein Geschenk des Universums sind! Er fordert uns dazu auf, die Quelle dieser Kräfte auch in uns wiederzuentdecken.

Ein junger Mann, der Ideale – und Wirbel – in Ihr Leben bringt.

Die Prinzessin der Stäbe

Allgemeine Deutung: Optimismus, Neubeginn, innere und äußere Reise. Überwindung von Furcht.

Die junge Prinzessin ist auf einem neuen Lebensweg. Sie fragt uns ganz direkt, ob wir nicht auch den Sprung in einen neuen Lebensabschnitt wagen wollen ... die Zeit dazu ist reif. Oft beginnt ein solches »Wagnis« in Gedanken, die man immer wiederholen muß, bis man sich selbst im Inneren von deren Gültigkeit überzeugt hat. Die Entschlußkraft der Prinzessin schlummert in uns, wir brauchen sie nur aufzuwecken, um den rechten Weg einzuschlagen. Dabei hilft es, alte Ängste zu erkennen und endgültig loszulassen.

Auch wenn das Zeit braucht, ist doch ein Anfang gemacht, wenn die Prinzessin in der Tarotauslegung erscheint und uns mit einer neuen Freiheit lockt. Wir können getrost von unseren oft selbstauferlegten Behinderungen loslassen, die eigenen Fesseln lösen und wieder mit unseren lebensspendenden Energien fließen. Wir haben dieselbe ungezähmte, angstlose und positive Kraft der Prinzessin in uns. Unser Enthusiasmus und unsere innere Freude liegen oft nur unter einer dünnen Schicht von Negativität begraben. Es ist Zeit, diese Freude hervorzuholen, damit ihre belebenden Kräfte unser ganzes Dasein erfüllen können und wir den Schleier der Traurigkeit und der Energielosigkeit ablegen können. Die freudige, optimistische und mutige Art der Prinzessin stimuliert dieselben Kräfte in uns!

Eine Frau, die mit ihrer Verbindung von Ernsthaftigkeit und jugendlichem Charme neue Energie und Hoffnung bringt.

Der König der Schwerter

Allgemeine Deutung: Ehrgeiz, Intellekt, Auseinandersetzung, Leidenschaft, Erfolg.

Dieser König kennt sein Ziel und ist durch nichts davon abzubringen. Wie ein Pfeil bewegt er sich, ohne Ablenkungen oder Seitensprünge, darauf zu. Seine Zielstrebigkeit kommt aus seiner gedanklichen Klarheit: Er weiß genau, was er will, was er erreichen wird und wie er vorgehen kann. Diese Karte will uns anzeigen, daß es ratsam ist, solche Kräfte auch in uns zu stärken. Es geht darum, direkt auf eine Sache zuzugehen und sie zu vollenden. Zunächst jedoch muß innere Klarheit in bezug auf das Thema oder Problem herrschen, dann können auch die intellektuellen Fähigkeiten positiv eingesetzt werden. Geradlinigkeit, Ehrlichkeit und Genauigkeit im Planen sind notwendig.

Höhere Einsicht beflügelt den Intellekt und weckt unsere innere Leidenschaft zum Leben. Eine gute Zeit, um Veränderungen zu planen und zu durchdenken. Erfolg ist jetzt das Ergebnis der rechten und energiegeladenen Ausrichtung. Um klar zu werden, kann man zunächst stillhalten und sehen, was wirklich ist. Dann gewinnt jede spätere Handlung eine vollkommen andere, intensivere Qualität. Wenn wir uns auf ein ganz bestimmtes Ziel ausrichten und alle Energien in diese Richtung lenken, bewirken unsere Kräfte eine Veränderung. Diese Veränderung kann sich innerlich und äußerlich manifestieren. Der König der Schwerter ermuntert uns dazu, den rechten Fokus zu finden und vielleicht doch noch zumindest einige unserer Träume wahr werden zu lassen!

Ein erwachsener Mann, der seine Durchsetzungskraft auf einem Gebiet einsetzt, mit dem Sie direkt zu tun haben.

Die Königin der Schwerter

Allgemeine Deutung: Ablegen der Maske, Selbstsicherheit, die eigene Wahrheit.

Diese Königin lockt uns auf ihren Thron! Sie hat das Wunder der eigenen geistigen Wiedergeburt vollzogen und ist von keiner äußeren Meinung mehr abhängig. Sie ist, wer sie ist – und nicht mehr, wer sie sein sollte. Sie hat sich selbst erkannt und angenommen. Dieser innere Reifeprozeß, der auch mit einer ganz nüchtern-rationalen Erkenntnis des Lebens und der Menschen einherging, spielt jetzt für uns eine Rolle. Wir dürfen den Sprung in ein ehrlicheres Dasein wagen. Diese Königin steht hinter uns und stützt unser Vorhaben, uns endlich so anzunehmen, wie wir sind. Die Königin der Schwerter symbolisiert einen wichtigen Teil in uns, der bereit ist, alle Masken fallenzulassen.

Wir wissen im Innersten, daß wir nichts zu verlieren haben. Wir sind, wer wir sind – ganz gleich, was wir anderen und auch uns selbst vormachen! Diese Karte möchte uns daran erinnern, daß wir die Kraft haben, einen objektiven Blick auf unser Leben zu werfen und zu sehen, mit welchen Spielen wir uns gefangen halten. Wir können es niemals allen recht machen, ganz gleich, wie sehr wir uns bemühen, uns verbiegen und verdrehen oder sogar auf den Kopf stellen! Befreien wir uns von den Meinungen und Vorurteilen, die wir über uns selbst hegen, und auch von denen, die andere von uns haben. Nur diese Wendung zum eigenen Wesen hin bringt jene Freiheit, ohne die wir nicht als wir selbst leben können.

Eine reife Frau, die weiß, was sie will und durch ihr beispielgebendes Selbstvertrauen auch Ihr Selbstwertgefühl aufbauen und stärken kann.

Der Prinz der Schwerter

Allgemeine Deutung: Freiheitsstreben, Verstrickung, Kampf mit Projektionen, Bemühung um Klarheit im Denken.

Der Prinz der Schwerter ist die junge, heranwachsende männliche Energie in uns, die sich gegen alle Konventionen sperrt und lieber mit sich selbst kämpft, als alte, ausgetretene Pfade der Selbstfindung zu gehen. Dabei werden viele Illusionen zerstört, und Träume lösen sich in Luft auf. Doch jeder Mensch muß sicher einige Male im Leben durch eine solche Phase gehen, bevor er erwachsen wird. Diese »Befreiungsphase« ist sicher ein ganz wichtiges Stadium in unserer menschlichen Entwicklung. Wenn wir nicht lernen, uns frei zu machen, was oft mit Schmerzen und Anstrengungen verbunden ist, bleibt ein Teil von uns auf der Strecke.

Wir müssen lernen, uns auch von uns selbst freizukämpfen, unsere eigenen Fesseln zu lösen – und seien sie nur gedanklicher Art. Bevor wir unsere eigene Wahrheit finden und annehmen können, müssen einige Hürden überwunden und viele Projektionen als solche erkannt werden. Die Kraft des Prinzen der Schwerter in uns zeigt an, daß wir bereit sind, diese Schritte zu unternehmen und uns von allem freizukämpfen, was unser Wohlsein belastet und unsere Selbstfindung erschwert. Dieser Prinz besitzt den Mut zur eigenen Wahrheit!

Ein junger, »männlicher« Mann mit einer ungezügelten Sturm-und-Drang-Energie und Freude am Pionierleben.

Die Prinzessin der Schwerter

Allgemeine Deutung: Auflehnung, Kampf um Klarheit, Überwindung von Launen, geschickte weibliche »Schachzüge«.

Diese Prinzessin ist das weibliche Gegenstück zu ihrem Bruder, dem Prinzen der Schwerter. Nur kämpft sie auch gegen die eigenen Emotionen an, wenn diese ihre mentale Klarheit beeinträchtigen. Sie will sich von allem befreien, was den klaren Durchblick trüben könnte. Dabei muß sie lernen, mit ihren eigenen Gefühlen und vor allem ihrer Launenhaftigkeit umzugehen. Sie läßt uns erkennen, daß auch wir diese unklaren Energien in uns tragen und uns oft von einer dummen Laune aus dem inneren Gleichgewicht werfen lassen. Wenn wir wieder zu Bewußtsein kommen, tut uns häufig leid, was geschehen ist, doch wir finden keine Lösung, diese Launen zu beherrschen.

Wir kämpfen gegen Windmühlen, wenn wir nicht lernen, positiv mit unseren Gefühlsschwankungen umzugehen. Es braucht ein waches Bewußtsein, nicht auf den hypnotischen Effekt einer Laune hereinzufallen. Es braucht Übung, mit all den manchmal widersprüchlichen Gefühlen klarzukommen. Diese Karte gibt uns den Wink, daß auch wir in der Lage sind, gegen alte, schädliche Verhaltensmuster in uns zu rebellieren, sie endlich zu durchschauen und loszulassen und uns damit mehr Raum und innere Klarheit zu schaffen.

Eine junge Frau, die Ihre Sympathie gewinnt, weil Sie sich in ihrem Bemühen um Harmonie zwischen klarem Denken und aufrichtigen Gefühle selbst wiedererkennen.

Der König der Scheiben

Allgemeine Deutung: Arbeit, finanzieller oder sonstwie irdisch greifbarer Erfolg, Materie, Ernte.

> Der König der Scheiben

Zeit, die Früchte unserer Arbeit zu ernten! Dies bezieht sich nicht nur auf den weltlichen Erfolg, sondern auch auf die Arbeit in unserem Inneren. Wir dürfen innehalten, ausruhen und genießen. Dieser König ist das Symbol der erdigen Kraft, welche Wachstum durch viel harte Arbeit möglich machte und die jetzt zur Ruhe findet. Im äußeren Leben kann dieser König einen Menschen darstellen, der uns mit gutem Beispiel helfen will, unsere eigenen Fähigkeiten, positiv mit der Materie umzugehen, zu entwickeln. Dazu gehören Verantwortungsbewußtsein und Disziplin, was nichts anderes als den Wunsch bedeutet, zu lernen.

Meist fallen uns die Dinge nicht in den Schoß, und wenn sie es tun, schätzen wir sie nicht so hoch ein wie jene Dinge, die wir uns selbst erarbeiten mußten. Wir möchten die Früchte von selbstgepflanzten Bäumen ernten - nur so entsteht ein gesunder Kreislauf von Geben und Nehmen. Unsere eigene Energie kehrt somit zu uns zurück. Dieser König kann auch eine Mahnung sein, sich zu erden, mit den Füßen auf dem Boden zu bleiben und sich nicht in bloßen Phantasien zu verlieren. Auch materieller Erfolg kündigt sich hier an, solange wir mit dem Herzen voll bei einer Sache sind und nicht vorzeitig die Flinte ins Korn werfen. Arbeit kann so auch zum Spiel werden und Spaß machen!

Ein Mann, der souverän mit seinen Möglichkeiten umzugehen weiß, das Leben äußerlich zu gestalten.

Die Königin der Scheiben

Allgemeine Deutung: Entspannung, Heilung, Gesundheit, Genuß.

Nach einer harten Zeit findet diese Königin der Scheiben in uns ihren wohlverdienten Ruhepunkt. Es gilt, auf die Gesundheit zu achten und Anstrengungen zu vermeiden. Heilung kann innerlich und äußerlich von selbst geschehen. Der Rat dieser Karte ist, eine wirkliche Pause in unseren vielleicht allzu hektischen Aktivitäten einzulegen und uns den Raum zu schaffen, endlich einmal tief zu entspannen. Dies hilft unserer körperlichen Verfassung ebenso wie unserer inneren Geisteshaltung.

Eine Durststrecke liegt hinter uns. Wir müssen jetzt auftanken und wieder frische Kräfte sammeln. Dazu gehört auch die Fähigkeit, zu genießen, loszulassen und zeitweise einmal nichts zu tun. Dazu eignet sich die Natur am besten. Kontakt mit der Erde hilft uns auch, den erdigen Kontakt mit uns selbst zu finden. Wir brauchen jetzt die Heilkräfte der Natur oder einen Ort, an dem sich unser Körper wohl fühlt und seine Kräfte erneuern kann. Diese Ruhepause ist deutlich angezeigt und sollte wahrgenommen werden. Sobald wir lernen, wieder mehr auf die Stimme unseres Körpers zu hören, werden wir uns nicht weiter sinnlos auf der Jagd nach Menschen oder Dingen verausgaben, die wir doch früher oder später zurücklassen müssen. Erinnern wir uns deshalb rechtzeitig an die Weisheit dieser Königin in uns!

Eine wohlwollende, gütige Frau, die Sie aus ihrer Fülle beschenkt.

Der Prinz der Scheiben

Allgemeine Deutung: physische Aktivität, Struktur, Vertrauen, Stärke.

Dieser Prinz rät uns, unserem Körper zu vertrauen und wirklich in ihm »verkörpert« zu sein. Der Wunsch nach einer kreativen, erfüllenden körperlichen Aktivität erwacht. Die innere Bereitschaft und Offenheit für eine neue Art des Erlebens entstehen. Ziele sind erreichbar durch Arbeit, die Freude bringt. Ein »Daheimsein« in der materiellen Welt schließt die geistige Heimat mit ein. Dieser Prinz hat eine ungeheure Begabung, mit materiellen Dingen umzugehen. Wir sollen diese Begabung jetzt in uns selbst entdecken und ausleben – uns jedoch vor der Versuchung hüten, nur noch irdischen Gütern nachzujagen, weil wir uns am schnellen Erfolg berauschen.

Es geht darum, den eigenen Ressourcen zu vertrauen und den Mut zu haben, Arbeitsplätze, die uns schaden und negativ auf unsere Gesundheit wirken, zu verlassen. Der Dämon der Überlebensangst kann erfolgreich in die Flucht geschlagen werden, wenn wir innerlich den Weg des Herzens gehen und das tun, was uns Freude macht! Eine Periode der Ungewißheit macht einem tieferen Verständnis des eigenen Wesens Platz und bringt uns dann mit den Menschen zusammen, die instrumental für die Veränderung unseres Lebens sein können. Die Einsatzfreude und der Mut des Prinzen zeigen uns eine neue Richtung und erwecken unsere Neugier, ihm zu folgen.

Ein junger Mann, der Sie mitreißen kann durch seine Gabe, auch dann etwas anzupacken und zu gestalten, wenn die Umstände gar nicht so rosig aussehen.

Die Prinzessin der Scheiben

Allgemeine Deutung: Erde, Geburt, Harmonie, Stille, Kreativität.

Die Prinzessin der Scheiben geht schwanger mit sich selbst! Sie ist dabei, sich selbst neu zu gebären. Die große Kreativität in ihr kommt aus der Stille und nicht aus Aktivität. »Hochschwanger« tritt sie mit ihrem eigenen Licht in die Welt. Die Zeit der Geburt ist nahe. Diese Energie wirkt auch in uns, wenn wir diese Karte für uns ziehen. Wir wollen uns ebenfalls erneuern, das Alte loslassen und das Neue in unser Leben einladen. Die Energie des Sich-selbst-Gebärens ist genauso stark wie die Energie bei einer physischen Geburt.

Etwas vollkommen Neues kommt auf uns zu. In freudiger Erwartung sind wir bereit, dieses unbekannte »Neue« gebührend zu empfangen. Wir dürfen das Gefühl der frohen Erwartung genießen, uns in ihm sonnen und innerlich entspannen. Je entspannter wir sind, desto mehr Freude und Harmonie empfinden wir! Jeder Akt oder jede Arbeit, die mit Freude ausgeführt wird, ist kreativ! Die weibliche Kraft der Hingebung, die wir alle in uns tragen, ist der Schlüssel zur inneren Ekstase, welche diese Prinzessin ausstrahlt und mit der sie uns einlädt, ihren Spuren zu folgen. Der Mut, das Neue in unser Leben einzuladen, entspringt dem Vertrauen, daß alles, was zu uns kommt, uns »zufällt« und deshalb kein Zufall ist!

Eine junge Frau, die Sie mit ihrem Optimismus und ihrer fröhlichen, vertrauensvollen Gelassenheit »ansteckt«.

Der König der Kelche

Allgemeine Deutung: Spiritualität, Familie, Gefühl, Geben.

Der König der Kelche hat die Hingabe und den Wunsch, sich mit seiner wahren Seelenfamilie zu verbinden. Dieselbe Kraft in uns zeigt sich als Sehnsucht nach einem echten Liebespartner, einem Seelenpartner, dem wir total vertrauen können. Wir möchten, wenn diese Karte gezogen wird, das Verlangen nach liebevoller Zuneigung bekunden und sind auch bereit, diese selbst zu geben. Dieser König hat keine Schwierigkeiten, seine Gefühle auszudrücken und auch andere an seinem tiefen Innenleben teilhaben zu lassen. Die Karte besagt, daß wir uns in diese Richtung öffnen und mit unseren Mitmenschen in Kontakt treten möchten.

Die Familie, die der König der Kelche sucht, muß nicht auf eine Blutsfamilie beschränkt sein. Seine Visionen sind größer, er möchte sich mit seiner Seelenfamilie verbinden. Gleichfühlend sanfte und reife Menschen, in deren Energiefeld er wirklich er selbst sein darf. Manchmal kann eine solche Verbindung platonisch sein, doch sie schließt eine wirkliche herzlich-romantische Bindung nicht aus. Die spirituelle Partnerschaft zeichnet ein tiefes Verständnis für das Wesen des Partners oder der Partnerin aus. Das spirituelle Wachstum steht an erster Stelle. Es wird geachtet und gefördert und nicht im Wirrwarr des Alltags erdrosselt. Auch wir möchten auf einer so hohen Ebene erkannt und geliebt werden!

Ein Mann, der das ganze Spektrum menschlicher Gefühle kennt und sich entschieden hat, nur Gefühle zu leben, die von anderen Menschen als gütig-liebevoll erfahren werden können.

Die Königin der Kelche

Die Königin der Kelche

Allgemeine Deutung: emotionale Balance, Mutterschaft, Offenheit im Gefühlsleben, Warmherzigkeit.

Die integrierte weibliche Kraft der Königin der Kelche macht uns auf unsere eigenen, vielleicht noch nicht ganz ausgelebten Gefühlskräfte aufmerksam. Sie wird durch emotionale Balance und Offenheit ausgezeichnet, die wertvolle Begleiter auf unserem Lebensweg sind. Gegen diese Energie sollte man nicht ankämpfen. Man kann sie dankbar empfangen und sich von der Stärke ihrer Sanftheit, Weichheit und Güte überraschen lassen. Diese Königin hat die Weiblichkeit fast gepachtet!

Ihre Kraft ist durchdringend, aber nie gewalttätig, sie ist verschmelzend, aber nie fordernd. Sie ist die Mütterlichkeit schlechthin. Auch wenn sie mißverstanden wird, macht ihr das nichts aus. Sie ist eins mit ihren Gefühlen, sie kennt keine Blockaden oder Hemmungen mehr, sich so zu verhalten und auszudrücken, wie sie sich wirklich fühlt. Sie ruht in dieser Hinsicht vollkommen in sich und möchte jetzt auch uns ermuntern, ihre Gaben in uns zu spüren, anzunehmen und weiterzuentwickeln. Wenn wir uns erlauben, unsere eigene Weichheit und Herzenswärme auf liebevolle Art mehr und mehr zu leben, gewinnen wir Zugang zu einem völlig neuen Teil in uns selbst.

Eine mütterlich-reife Frau, die aus vollem Herzen lebt, liebt und Sie auf ungeahnte Weise fördern wird.

Der Prinz der Kelche

Allgemeine Deutung: Romantik, Sehnsucht, Wünsche, Träume, Sexualität.

Der romantische Prinz der Kelche sehnt sich nach der Erfüllung seiner Wünsche. Sein poetischer Lebensstil erinnert an die Liebhaber alter Schule, von denen es heute leider nur noch wenige gibt. Aber wir alle haben eine Ader für diese Art von Romantik in uns. Wir wollen verehrt und gleichzeitig leidenschaftlich geliebt werden. Dieser Prinz ist der ideale Bote solcher überweltlichen, zeitlosen Stunden der Losgelöstheit und der Tagträumerei. Der Duft einer Rose kann uns in die wunderbarsten Welten entführen, wenn sie aus der Hand des oder der Geliebten kommt ...

Dieser Prinz in uns erinnert an unsere geheimsten Sehnsüchte und Wünsche, an all die unerfüllten Phantasien, die nach Erfüllung rufen. Wir sollen uns dieser Wünsche und Sehnsüchte gewahr werden, sie nicht weiter vor uns selbst verstecken und verheimlichen. Dann lernen wir, mit ihnen umzugehen, und sie überfallen uns nicht mehr in den unangebrachtesten Situationen. Die mystische Seite des Prinzen findet Widerhall in unserer eigenen mystischen Natur. Wir beginnen, unser innerstes Verlangen zu verstehen. Auch das Erleben einer natürlichen Sexualität spielt hier eine Rolle. Wir dürfen und sollen durch die Botschaft des Prinzen unsere tief vergrabene sexuelle Lust wieder wahrnehmen, sie jetzt ohne falsche Scham akzeptieren und auch ausleben.

Ein junger Mann, der Gefühle in Ihnen wachruft, die noch unerfüllt in Ihnen ruhen.

Die Prinzessin der Kelche

Allgemeine Deutung: Selbstvertrauen, Gefühlsfreiheit, inneres Wachstum, Selbstliebe.

Die Schönheit dieser Prinzessin ist ihre erblühende Weiblichkeit. Ihr inneres Wachstum gibt ihr emotionale Freiheit und Freude. Sie kann sich selbst geben, ohne sich in der anderen Person zu verlieren. Ihre Gefühle sind tief und ehrlich. Die Eifersucht auf andere ist überwunden. Sie identifiziert sich nicht mehr so stark mit den Dingen oder Menschen, die sie begehren mag, und kann so alles viel mehr genießen. Sie hat Abstand von ihren eigenen Launen und Gefühlsschwankungen gefunden und findet damit eine wirklich neue Freiheit. Durch die Verarbeitung der Vergangenheit und das Loslassen von selbstzerstörerischen Ideen hat sie den Schlüssel zur Liebe zu sich selbst wiederentdeckt.

Die Liebe, die sie jetzt in aller Reinheit ausstrahlt, wirkt wie ein erweckender Lichtstrahl auf unser Gemüt und bringt uns in die Lage, unsere eigene Liebe zu uns selbst wiederzuentdecken, zu nähren und zu pflegen, damit auch wir diese Liebe wieder auf andere ausstrahlen können. Die Prinzessin erinnert uns an unsere Verantwortung, gut und weise mit uns selbst zu sein. Sie ist bereit, andere an ihrem Glück teilhaben zu lassen. Sie hortet nichts, sie gibt freiwillig aus der unerschöpflichen Quelle, die sie jetzt in sich selbst gefunden hat!

Eine Frau, die mit ihrer gerade erblühenden Weiblichkeit und ihrem offenen Gefühlsausdruck ein Beispiel für echte Lebensfreude gibt.

5.
Ereignisse und Zeit im Tarot: die 40 Zahlenkarten

Die Karten der großen Arkana versinnbildlichen Wendepunkte im Leben, die Hofkarten symbolisieren reale Menschen, die Zahlenkarten der kleinen Arkana stehen für Ereignisse, die vorübergehend wirken; sie dienen auch als Anzeiger für Zeit.

Die Deutung leitet sich weniger von den völlig willkürlichen Zusatzworten ab, die manche Tarotgestalter ihren Zahlenkarten gegeben haben, sondern von der Symbolik der Zahlen selbst.

Es ist überhaupt nicht einzusehen, warum zum Beispiel im Crowley Tarot drei Fünfer-Karten *Enttäuschung, Niederlage* bzw. *Quälerei* heißen, drei der Siebener-Karten *Verderbnis, Vergeblichkeit* und *Fehlschlag* und drei der Zehner-Karten *Unterdrückung, Sattheit* bzw. *Untergang.* Das hat mit der jeweiligen Karte und ihrer tieferen, esoterischen Symbolik selbst nichts mehr zu tun, denn die Zahl Fünf bezeichnet den freien menschlichen Willen, die Zahl Sieben die Notwendigkeit des Schicksalslaufs und die Zahl Zehn den Durchbruch auf eine höhere Ebene. (Zur numerologischen Deutung siehe auch die Übersicht auf Seite 95).

Schlüsselworte zu den Zahlenwerten
- 1 (As): Beginn, Aufbruch, Zielstrebigkeit, Kraft
- 2: Begegnung, Ausgleich von Interessen, Yin-Yang-Polarität
- 3: Schöpferische Verbindung, Aufbau, Kreativität
- 4: Sicherung, Fundamente, Tradition, Begrenzung
- 5: Möglichkeit, freien Willen einzusetzen, Menschlichkeit
- 6: Harmonie, leichter Energiefluß, Sorglosigkeit
- 7: Konsequenzen von Schicksal und Karma, die manchmal als Zwang durch äußere Umstände erlebt werden

8: Kreislauf von Energien, Mensch zwischen Erde und Kosmos
9: Vollendung, Abschluß, Vollkommenheit, Ende eines Zyklus
10: Durchbruch in eine höhere Dimension, völlig neue Kräfte

Auch vor den teilweise einseitig mittelalterlich-düsteren Figuren und der Darstellung von eher bedrückenden als anregenden Situationen auf den Zahlenkarten kann gar nicht genug gewarnt werden. Diese – es sei erneut gesagt – völlig willkürliche und oft unbegründet destruktive Art, die Zahlenkarten zu präsentieren, verschreckt vor allem Tarot-EinsteigerInnen eher, als daß sie hilfreich wirkte. Suchen Sie sich deshalb zumindest anfangs entweder ein Tarotspiel, das von Formen und Farben her konstruktiv, kreativ und positiv wirkt (zum Beispiel das *Tarot der Liebe*), oder üben Sie sich darin, die Bildunterschriften und Negativbilder bei Ihrer Deutung zu ignorieren und sich einer aufbauenden Deutung zu öffnen.

Zahlenkarten als »Zeitzeichen«

Als Anzeiger für Zeit können Sie die Zahlenkarten folgendermaßen deuten:

1 (As) weist auf eine Zeitspanne von einer Woche bis einem Monat hin; 2, 3 und 4 zeigen ungefähr die gleiche Anzahl von Tagen bis Wochen an (je nachdem, was und wie Sie gefragt haben); 5 und 6 bezeichnen etwa ebenso viele Tage; die 7 »dauert« etwa ein bis zwei Wochen; 8 und 9 lassen auf einen Zeitraum von gut einer Woche bis drei Wochen schließen; die 10 schließlich, die »höhere Oktave der 1«, wird mit ihrer Kraft etwa eine Woche oder einen Monat anhalten.

As der Stäbe

Allgemeine Deutung: Transformation, Stärke, Durchbruch, inspirierter Neuanfang.

Eine kraftvolle Energie bricht sich jetzt Bahn und erfüllt unser Leben mit neuer Inspiration und Vitalität. Ein gutes Zeichen, um einen echten Durchbruch auf eine höhere Ebene einzuleiten und zu erfahren. Gesteigerte Lebenskraft, die jetzt Ausdruck in einer neuen Richtung sucht und nicht gebremst werden sollte. Wir haben die Wahl, diese enorme Energie bewußt und damit richtig einzusetzen. Jetzt kann ein ganz neuer Lebensweg eingeschlagen werden, für den geistige Erkenntnisse des Lebenssinns eine wichtige Rolle spielen.

Zwei der Stäbe

Allgemeine Deutung: Meisterung einer Situation, Zentrierung, Pionierarbeit, wichtige Begegnung mit geistigen Argumenten.

Eine neue Richtung wird gefunden oder sogar erkämpft. Wir handeln dynamisch und zielgerecht. Konzentration auf das Ziel sowie Eingehen auf den/die Partner sind wichtig für die Entwicklung eines Projektes. Erweiterte Perspektive bringt unerwartete Lösungen. Wir folgen den Herausforderungen unseres Lebens und weichen keiner Situation, aus der wir lernen können, aus.

Drei der Stäbe

Allgemeine Deutung: Unschuld, Ehrlichkeit, ein reines, behütetes Herz, kreative Gestaltung.

Wenn wir die Kraft der Unschuld des Herzens folgen und sie auch in uns wieder aufblühen lassen, kann uns nichts im Leben anfechten. Die wahre Unschuld ist eine Gottesmacht, die keine Grenzen kennt. Die Reinheit des Herzens, die auch wir noch alle in uns tragen, selbst wenn sie im hintersten Winkel versteckt ist, ist unsere Verbindung mit der göttlichen Energie. Wenn wir sie zum Fundament machen und dementsprechend handeln, werden wir geistig sehr schöpferisch und aufbauend wirken können.

Vier der Stäbe

Allgemeine Deutung: Aufbau einer sicheren geistigen Lebensbasis, Loslassen der Vergangenheit.

Wir schließen mit etwas ab. Nun kann ein Neubeginn erfolgen. Festhalten an Altem würde Schmerzen verlängern. Unterschiede gleichen sich aus, es entwickelt sich Harmonie. Wir erkennen, daß nicht nur die körperliche, die emotionale und die mentale Seite des Lebens »stimmen« müssen, sondern vor allem die spirituelle Seite. Daran gilt es jetzt zu arbeiten.

Fünf der Stäbe

Allgemeine Deutung: Jetzt haben Sie (noch) die Chance, sich frei zu entscheiden und selbst kreativ zu handeln.

Eine Situation wartet auf eine bewußte Lösung. Hürden können genommen werden, wenn wir nicht aufgeben, sondern mit Geduld und Beharrlichkeit bei unserer geistigen Orientierung bleiben. Damit das Leben nicht als Last erscheint, falls wir unsere innere Vision für den Augenblick verloren haben, muß unsere Energie wieder in Fluß gebracht werden. Wir arbeiten uns Schritt für Schritt bewußt an die Situation heran und durch sie hindurch.

Sechs der Stäbe

Allgemeine Deutung: Erfolg, Klarheit, Einheit der Energien.

Jetzt können wir Pläne ohne viele Schwierigkeiten ausführen und vollenden. Wir sind innerlich auf Erfolg eingestellt, der oft aus einer unerwarteten Richtung kommt. Wir lernen, unseren Erfolg zu genießen und lassen auch andere daran teilhaben. Wir haben ihn uns verdient, da wir ihn nicht zu Lasten anderer erreicht haben. Deshalb dürfen wir ihn auch vollen Herzens genießen und dankbar annehmen.

Sieben der Stäbe
Allgemeine Deutung: Tapferkeit, Courage zum Durchbruch, Risiko, geistige Entscheidungen von »außen«.

Die eigene Realität und Wahrheit können nicht länger unter den Tisch gekehrt werden. Wir stehen zu uns selbst, auch wenn wir auf Widerstand stoßen. Wir tragen die Verantwortung für uns und unser Tun. Kompromisse jeder Art sind unangebracht, da sie unsere eigene Wahrheit verleugnen. Wir boxen uns mit Courage zu unserer eigenen Mitte durch und stehen für uns selbst ein. Wir vertrauen auf unsere Kraft, auch dann, wenn das Schicksal mal wieder macht, was es selbst will.

Acht der Stäbe
Allgemeine Deutung: Klarheit, Schnelligkeit, Kommunikation, Austausch.

Durch klare Kommunikation können Hindernisse schnell überwunden werden. Ein Problem, das zuvor überwältigend schien, kann jetzt seine angemessene Proportion einnehmen, da wir innerlich Abstand gewonnen haben und die Dinge in einem klareren Licht sehen. Wenn wir in unserem Zentrum, in unserer Mitte ruhen, können wir bewußter und offener mit den täglichen Dingen umgehen und unsere Probleme lösen.

Neun der Stäbe

Allgemeine Deutung: innere Stärke, Durchsetzungsvermögen, Abschluß einer Phase der spirituellen Orientierung.

Wir erkennen unsere eigene Stärke, lernen, sie positiv einzusetzen und mit ihr bewußter umzugehen. Äußere Herausforderungen machen uns stark und verleihen uns ein wachsendes Selbstbewußtsein. Jetzt ist ein guter Zeitpunkt, aufgeschobene Auseinandersetzungen einzuleiten und mit positiver Energie zu vollenden. Wir gewinnen neues Vertrauen in unsere eigenen Kräfte.

Zehn der Stäbe

Allgemeine Deutung: Durchbruch in eine höhere geistige Dimension, Erkennen neuer spiritueller Wahrheiten.

Diese Karte ermahnt uns nachzusehen, mit welchen bewußten oder unbewußten Mitteln wir uns im täglichen Leben immer wieder selbst im Wege stehen mögen. Es geht darum, unsere Lage ganz ehrlich und schonungslos zu betrachten, blockierende Verhaltensmuster aufzuspüren und durch mehr Bewußtheit so zu verändern, daß wir den großen Sprung zur Selbstverwirklichung, der uns jetzt angeboten wird, auch in die Tat umsetzen können.

As der Schwerter
Allgemeine Deutung: intellektuelle Klarheit, göttliche Inspiration.

Wir gewinnen Klarheit über unser Leben und die Fähigkeit, Veränderungen einzuleiten. Wir spüren die Kraft, uns neuen Aufgaben zu widmen und uns – wo notwendig – auch durchzusetzen. Die Energie dieser Karte zeigt die Möglichkeit eines echten Aufbruchs zu neuen Ufern an, wenn wir den Mut haben, unsere Augen zu öffnen und der Realität unseres Lebens nicht länger auszuweichen.

Zwei der Schwerter
Allgemeine Deutung: innere Ruhe und Frieden, spirituelle Einstellung. Begegnung mit einem Partner, der uns herausfordert.

Wenn wir das Geschenk des inneren Friedens in uns spüren, fühlen wir Geborgenheit und Harmonie in unserem täglichen Leben. Wir dürfen uns ausruhen in diesem wunderbaren Zustand und aus unserer Intuition heraus handeln. Eine kurze Zeit des Innehaltens und Genießens steht vor der Tür, und wir sollten diese Chance nicht ungenutzt verstreichen lassen!

Drei der Schwerter

Allgemeine Deutung: konstruktive Auseinandersetzung, realistische Einstellung zum Leben.

Wir alle kennen Zeiten, in denen die Angst vor etwas größer ist als das Problem selbst. Durch Sorge und Angst verschlimmern wir die Situation. Wenn wir das Problem mit Abstand betrachten und über derzeitige Spannungen hinaussehen können, erkennen wir auch die Lösung. Es ist nötig, über angelernte »Sorgenmachmuster« hinauszuwachsen. Jede Polarität führt zu einem neuen Dritten, das die Gegensätze integriert.

Vier der Schwerter

Allgemeine Deutung: eine Pause, Ruhepunkt, Abwarten.

Eine Sache ist zu einem Stillstand gekommen, der uns die Möglichkeit gibt, Abstand zu gewinnen. Eine kleine Pause in der Hektik des Alltags läßt uns die Sorgen für eine Weile vergessen, und wir finden somit vielleicht ein neues Verständnis, mit unseren Themen oder Problemen effektiver umzugehen. Es ist wichtig zu beachten, ob wir vielleicht in diesem »Ruhezustand« etwas unterdrücken.

Fünf der Schwerter

Fünf der Schwerter
Allgemeine Deutung: Chance, den freien Willen mit Verstand zu nutzen; vielleicht Verlustängste.

Wenn wir uns von vornherein richtig »programmieren«, entlasten wir unser Gemüt von Ängsten und Sorgen. Jetzt ist es wichtig, die eigene Objektivität einzuschalten und sich nicht weiter von gedanklichen Dämonen quälen zu lassen. Erkennen Sie, daß Sie selbst sehr viel in Ihrer eigenen Hand haben: wie Sie denken, wie Sie handeln!

Sechs der Schwerter
Allgemeine Deutung: wachsendes Lebensverständnis, Objektivität, Vision.

Das Vertrauen in die eigenen Einsichten wächst und wird zur wertvollsten Komponente in unserem Wachstumsprozeß. Wir dürfen einen erleuchtenden Blick auf unser Leben werfen und die Wahrheit unserer Einsichten erkennen. Gedankliche Objektivität hilft, Situationen, deren Belastung wir seit langem fühlen, zu klären und damit aufzulösen. Zukunftsvisionen werden deutlicher.

Sieben der Schwerter

Allgemeine Deutung: gespaltene Erwartungen, Selbstzweifel.

Wir ziehen genau das an, was wir fürchten, weil wir uns innerlich nicht von unserer negativen Erwartungshaltung lösen können. Als Folge falscher früherer Gedanken manifestieren sich entsprechende Dinge im äußeren Leben. Wir müssen jetzt die »Suppe auslöffeln«, die wir uns früher einmal selbst eingebrockt haben, ohne daran viel ändern zu können. Wenn uns das bewußt wird, werden wir uns wenigstens ab jetzt um eine positivere Lebenseinstellung bemühen können.

Acht der Schwerter

Allgemeine Deutung: fließender Gedankenstrom, Einmischung, Unsicherheit bei Entscheidungen.

Wir alle gehen durch Zeiten im Leben, in denen jede Alternative falsch erscheint und wir nicht wissen, was wir tun sollen. Es ist ratsam, in solchen Momenten nicht sofort zu handeln, sondern zuerst einen neuen Überblick über die jeweilige Lage zu gewinnen. Unsere Energien müssen zuerst wieder harmonisch in uns fließen, bevor wir vorwärts gehen – besser, damit wir uns auf den natürlichen Fluß der Energien einlassen können. Im Geschäftsleben Einmischung von außen. Erfolgschancen durch schnelle Reaktionen, aber mit Risiko.

Neun der Schwerter
Allgemeine Deutung: Abschluß einer Auseinandersetzung, Vollendung eines gedanklichen Konzepts, Märtyrertum.

Es bietet sich eine Chance, daß Sie sich von einer Einstellung lösen, welche die Dinge einseitig unter dem Blickwinkel von Polarität oder Auseinandersetzung sieht. Aufforderung zur Meditation über ein Denken, das zur tragfähigen Basis des nächsten Lebensabschnitts werden kann.

Zehn der Schwerter
Allgemeine Deutung: weltliche Herausforderungen werden gemeistert, Durchsetzungskraft mit neuen Mitteln.

Tatkräftiger Einsatz für ein Großreinemachen. Es ist gut, die eigenen Ängste kennenzulernen, ihnen einmal ins Auge und damit ihre Unwirklichkeit zu sehen. Sie können aufgestaute Energien auf die rechte Weise einsetzen und so einen Ausweg aus einem zu rigide gewordenen System suchen.

As der Scheiben
Allgemeine Deutung: Manifestation, Reichtum innen und außen, Erfolg.

Mit diesem As haben wir grünes Licht, um endlich die Dinge und Situationen zu manifestieren, die richtig für uns sind! Wir dürfen unseren Erfolg willkommen heißen. Jetzt ist die Zeit, unseren Träumen und Ideen Gestalt zu geben und sie auf allen Ebenen zu genießen. Es fällt uns leicht, mit materiellen Dingen umzugehen. Wir fühlen unsere innere Einheit und haben dadurch die Kraft, all den Bereichen in uns Energie zu geben, die erblühen und wachsen wollen. Das macht uns innen und außen reich.

Zwei der Scheiben
Allgemeine Deutung: Wechsel, Entscheidung über materielle Belange.

Eine Situation verändert sich und schließt mit der Vergangenheit ab. Zwei unterschiedliche Interessen, die sich auf irdische Angelegenheiten beziehen, stehen sich gegenüber. Wie eine Schlange können wir aus unserer alten Haut schlüpfen und damit aus dieser Begegnung oder Konfrontation – wenn wir das wollen. Es ist gut, einer Entscheidung nicht im Weg zu stehen, denn eines Tages müssen wir uns doch auf eine Entscheidung einlassen. Es hilft, mit der Energie des Wandels zu gehen und nicht zurückzublicken, sondern bewußt zu bleiben und sich auf das Neue zu freuen!

Drei der Scheiben
Allgemeine Deutung: gute Arbeit, Konzentration, Engagement.

Um zu erreichen, was wir wollen, müssen wir jetzt ganz bei der Sache sein. Die Energie muß konzentriert und beständig eingesetzt werden, um das Ziel zu erreichen. Ganz gleich, auf wie viele Schwierigkeiten wir stoßen, wir geben nicht auf, sondern finden immer einen konstruktiven Weg aus der jeweiligen Situation. Alles, was wir jetzt unternehmen, spiegelt diese konzentrierte Kraft in uns wider.

Vier der Scheiben
Allgemeine Deutung: Macht, Festigung, festgelegte Weltanschauung.

Wir alle suchen einen Ort, an dem wir uns ganz sicher und geborgen fühlen. Diese Karte repräsentiert den Wunsch oder das Verlangen, einen solchen »Powerplatz« zu finden. Im inneren wie im äußeren Leben wollen wir uns geborgen fühlen. Oft wünschen wir uns eine »Festung«, in der wir ganz sicher sind vor allen Anfechtungen des Lebens. Man muß vielleicht auch aufpassen, daß man sich nicht selbst hinter seinen eigenen rigiden Mauern versteckt.

Fünf der Scheiben

Allgemeine Deutung: Chance zur offenen Kommunikation, viele Wahlmöglichkeiten.

Jetzt können wir bewußt und mit unserem freien Willen entscheiden, auf welche Weise wir unsere materiellen Lebensgrundlagen sichern. Ganz ehrlich können wir an verfahrene Situationen herangehen, uns um offene Aufklärung bemühen und einen neuen Schritt machen. Angst vor Armut oder Entscheidungsschwäche wären schlechte Ratgeber; es gilt, sich über karmische Folgen von Entscheidungen im klaren zu sein.

Sechs der Scheiben

Allgemeine Deutung: absoluter Erfolg, Glückssträhne.

Was immer wir jetzt anpacken, hat Erfolg – ganz gleich, auf welchem Gebiet! Die Karte zeigt die innere Bereitschaft zur Transformation. Selbstvertrauen ist unser Schlüssel. Wie unser Erfolg aussieht, liegt ganz bei uns. Wir sind glücklich bestrahlt und sollten dieser Energie jetzt ganz freien Lauf lassen. Für jeden von uns bedeutet Erfolg etwas anderes. Finden Sie heraus, was er für Sie bedeutet!

Sieben der Scheiben
Allgemeine Deutung: Zweifel am Sinn der materiellen Welt und der irdischen Werte.

Jetzt sehen wir uns den Folgen früherer Entscheidungen gegenüber; wir erkennen, daß unser Leben von einer höheren Macht und nach unsichtbaren, aber durchgreifenden Gesetzen regiert wird. Wir stellen fest, wie wenig dauerhaft unsere üblichen Besitztümer und Wertvorstellungen sind. Nun geht es darum, neues Selbstvertrauen durch die Öffnung für die göttlichen Kräfte in uns zu finden, die Hemmungen abzubauen und die Lebenskraft wieder frei fließen zu lassen.

Acht der Scheiben
Allgemeine Deutung: positive Entwicklung durch Geduld, Vorsicht, Umsicht.

Jeder Reifeprozeß braucht Zeit. Wenn wir die Früchte unserer Arbeit ernten wollen, müssen wir sie zuerst hegen und pflegen und mit Umsicht und Liebe behandeln. Innere Balance und Harmonie fördern alle Projekte. Geduld ist jetzt ebenfalls sehr wichtig. Wir dürfen nichts überstürzen, sondern sollen gelassen bleiben und uns nicht durch Ungeduld und Hast selbst um unsere Ernte bringen. Der noch unreife Apfel, den wir gierig vom Ast reißen, schmeckt nicht!

Neun der Scheiben
Allgemeine Deutung: Wachstum, Gewinn, Ernte, Zuwachs.

Wir sind bereit, die Früchte unserer Arbeit zu genießen! Dinge und auch Menschen kommen auf uns zu, uns wird gegeben, und wir haben die Aufgabe, zu lernen, wie man dankbar annimmt. Auch Geld kann hier eine Rolle spielen, welches aus einer unerwarteten Ecke seinen Weg zu uns findet. Zeiten der Fruchtbarkeit und Fülle, Geschenke des Lebens, die Sie auf allen Ebenen dankbar willkommen heißen und annehmen sollten!

Zehn der Scheiben
Allgemeine Deutung: Reichtum, Großzügigkeit, Wohlstand.

Wenn das Leben bereit ist, uns so viel zu geben, können wir nicht anders, als diesen Reichtum – sei er innerlich oder äußerlich – auch mit anderen Menschen zu teilen! Wenn wir darauf sitzen bleiben, haben wir die Lektion dieser Karte nicht begriffen. Wenn wir Energie, gleich in welcher Form – sei es Geld oder Wissen –, horten und nicht weiterfließen lassen, verdirbt sie selbst oder sie verdirbt uns! Wenn der Himmel uns beschenkt, haben wir die Pflicht, diese Energie auch anderen zugute kommen zu lassen. Nur so kann innere Zufriedenheit in uns wachsen.

As der Kelche
Allgemeine Deutung: Gefühlsreichtum, Geben und Nehmen, Austausch.

Unser Herz öffnet sich jetzt ganz von selbst und verströmt Zuneigung und Liebe aus seiner schier unerschöpflichen Quelle der Kraft. Empfindungen der Nächstenliebe, Freundschaft und Anteilnahme bereichern unseren Alltag und erfüllen uns mit tiefer Freude und Zufriedenheit. Wir dürfen aus vollem Herzen geben! Die Quelle des Herzens ist unendlich. Es ist immer mehr als genug da, wenn wir diese kostbare Kraft ungehindert durch uns hindurchfließen lassen.

Zwei der Kelche
Allgemeine Deutung: glückliche Partnerschaft, Liebe, Zuneigung.

Eine erfüllende Liebesenergie zwischen zwei seelenverwandten Menschen ist angezeigt. Der tiefe Wunsch nach einer solchen Partnerschaft kann jetzt in Erfüllung gehen. Es ist eine Liebe, die gibt, ohne zu fragen, was sie zurückbekommt. Sie gibt aus der Fülle ihres Herzens, sie gibt, ohne zu kalkulieren, ohne an den eigenen Vorteil zu denken. Diese Liebe ist rein und kommt von Gott. Sie strömt wie ein Lebenselixier durch den gesamten Körper. Wir sind bereit, uns dieser himmlischen Liebe zu öffnen!

Drei der Kelche
Allgemeine Deutung: Fülle, Überfluß, Freude.

Wir möchten innere Freude und Überfluß mit geliebten Menschen in unserer Nähe teilen! Wir sind so voll, daß wir fast überfließen und freuen uns über jeden, den wir an unserem Glück teilhaben lassen können. Es wird uns mehr und mehr bewußt, wieviel das Leben uns gibt. Die Dankbarkeit, die sich jetzt entwickelt, ist das wunderbarste Geschenk von allen. Wir lernen, die Hülle und Fülle, die uns jetzt zur Verfügung steht, wirklich zu genießen!

Vier der Kelche
Allgemeine Deutung: Zärtlichkeit, Liebe, emotionaler Reichtum.

Wir sonnen uns in unserem reichen Gefühlsleben und werden von einem Menschen, der uns liebt, mit Zuneigung überschüttet. Können wir diese Zuneigung annehmen, ohne das Gefühl zu haben, daß wir sie sogleich erwidern müssen? Können wir sie genießen, ohne davon abhängig zu werden? Wenn das Leben sich in einer solchen Fülle der Gefühle und glücklichen Stunden darbietet, brauchen wir nicht versuchen, etwas festzuhalten. Der Luxus, am Leben zu sein, genügt!

Fünf der Kelche
Allgemeine Deutung: Eine verwirrende Vielfalt von Gefühlen macht es schwer, sich frei für eines zu entscheiden.

Jede Ent-Täuschung ist in Wirklichkeit der Vorbote einer neuen Freiheit. Manchmal sind unsere Erwartungen so hoch, daß niemand sie erfüllen kann, nicht einmal wir selbst. Deshalb sollten wir unsere Kräfte jetzt nicht weiter vergeuden, sondern innehalten und sehen, wo wir uns umsonst anstrengen und den Bogen überspannen. Unsere Aufgabe ist, die innere Balance und Ausgeglichenheit in uns selbst wiederzufinden.

Sechs der Kelche
Allgemeine Deutung: Genuß, Austausch, Herzenergie, sexuelle Kraft.

Wir haben jetzt die Offenheit, den richtigen Partner in unser Leben einzuladen. Unsere Fühler sind ausgestreckt. In jedem Fall sind wir innerlich bereit, diesen Sprung in ein erfüllenderes Dasein zu wagen. Wir wissen, daß echtes Genießen ein Geschenk ist, und wir gönnen uns die tiefe Befriedigung, die es mit sich bringt. Wenn uns der Mut dazu fehlt, müssen wir nachsehen, was uns behindert ...

Sieben der Kelche

Allgemeine Deutung: Erschütterung des Gefühlslebens von »außen«, Auflösung von Illusionen, Lustlosigkeit.

Wenn wir uns fortwährend überfordern, ist es kein Wunder, daß wir uns kraftlos und mutlos fühlen. Wir müssen lernen, eine gewisse Balance zu finden und zu bewahren. Alte Wunden müssen zuerst heilen, bevor wir wieder munter auf Wanderschaft gehen und unser Herz feilbieten ... Unsere innere Kraftquelle versiegt nie, aber es ist wichtig, daß wir mit unserem angeborenen Lebensrhythmus leben und arbeiten lernen – und nicht gegen ihn. Eine kleine Pause bringt die Dinge wieder ins Lot.

Acht der Kelche

Allgemeine Deutung: überfließende Gefühle, vielleicht auch Unklarheit.

Man fühlt sich wie ein Teil einer großen Kraft der Gefühle, die alles umspannen. Es ist gut, Energie nicht mehr mit Menschen zu vergeuden, von denen nichts zurückkommt. Wenn die Energie nicht harmonisch fließt und bereits stagniert, tut das weder uns noch den anderen gut. Manchmal muß man einen Schlußstrich ziehen, selbst wenn es weh tut. Um Klarheit zu gewinnen und Kräfte sinnvoll einzusetzen, ist die bewußte Einstimmung auf positive Situationen nötig.

Neun der Kelche
Allgemeine Deutung: Freude, Glück, Harmonie.

Wir dürfen wieder aufatmen! Eine Glückssträhne läßt uns tiefe Harmonie und Freude empfinden und befreit uns für den Augenblick von unseren alltäglichen Sorgen. Diese Zeit will genutzt werden und sollte nicht spurlos an uns vorübergehen. So können wir neue Kräfte tanken und es uns einmal wirklich rundum gutgehen lassen. Solche Tage der Eintracht und des Glücks erinnern uns daran, daß wir selbst in den schwersten Zeiten immer wieder die Quelle der Freude in uns selbst finden können!

Zehn der Kelche
Allgemeine Deutung: Zufriedenheit, Erfüllung, Fülle.

Schöpferische Energien lassen unser Leben jetzt überfließen vor Glück und Freude und schenken uns tiefe innere Zufriedenheit und Harmonie. Viele Dinge, welche wir uns vielleicht schon lange gewünscht haben, können jetzt wahr werden! Das Leben gibt uns, was wir brauchen – und noch viel mehr. Wir müssen nicht mehr darum kämpfen. Diese Karte zeigt die Bereitschaft, Fülle und Erfüllung zu erleben und all das Wunderbare im Leben dankbar zu empfangen.

6.
Die wichtigsten Legesysteme für allgemeine Fragen, Beruf, Geld, Liebe, Freizeit etc.

Zeit und Atmosphäre
Nehmen Sie sich Zeit, wenn Sie Tarotkarten legen. Suchen oder schaffen Sie sich eine angenehme Atmosphäre, die Ruhe, Gelassenheit und Heiterkeit vermittelt. Manche Tarotexperten empfehlen, eine Kerze anzuzünden, ein Räucherstäbchen glimmen zu lassen, vielleicht schöne Musik zu spielen, die nicht ablenkt, und ein Samttuch auf einem Tisch auszubreiten, auf dem die Tarotkarten dann ausgelegt werden. So kann das Tarotkartenlegen zu einem kleinen Ritual gelingen.

Auswahl und Handhabung des Tarotspiels
Verwenden Sie das Tarotspiel, das Ihnen relativ am besten zusagt (im 8. Kapitel stellen wir ihn die fünfzehn schönsten und populärsten Spiele vor). Sie werden bald ein, zwei oder drei »Favoriten« gefunden haben, Bilder, deren Energie Sie besonders anspricht. Manche Menschen geben »ihr« Tarotspiel keinem anderen in die Hand, sie verwahren es in einem hübschen Tuch oder einer besonderen Schachtel und nehmen es nur zur persönlichen Befragung heraus.

Fragestellung
Überlegen Sie in Muße, was Sie derzeit am meisten beschäftigt, interessiert oder bedrückt. Formulieren Sie Ihre Frage so präzise wie möglich. Es hilft, wenn Sie Ihre Frage erst einmal aufschreiben. Schon dabei klärt sich vieles. Oft genug werden Sie die Frage dann ganz anders und neu stellen. Entscheiden Sie sich für ein bestimmtes Legesystem.

Noch ein Hinweis, gerade für »Einsteiger«: Je häufiger Sie das Tarot auslegen, desto diffuser werden oft die »Antworten« beziehungsweise Ihre Deutungsmöglichkeiten. Tarotkarten so lange zu legen oder zu ziehen, bis »das Richtige herauskommt«, blockiert die Energie der Seelenbilder. Dann geben die Tarotkarten keinen vernünftigen Rat mehr, noch offenbaren sie einen Sinn.

Auslegung

Üblich ist, die Tarotkarten verdeckt zu ziehen und auszulegen. Es hat aber auch manchmal etwas für sich, die Tarotkarten offen vor sich auszubreiten und sie so auszuwählen. Wir weisen bei der Darstellung der verschiedenen Legearten auf solche Fälle ausdrücklich hin.

Wir empfehlen, das Kartenspiel sorgfältig zu mischen und währenddessen an die Frage zu denken. Öffnen Sie sich während des Mischvorgangs vorbehaltlos dem, was Ihre innerste Lebensweisheit oder die Kraft des kosmischen Bewußtseins Ihnen als persönliche Botschaft über die Tarotkarten senden will. Lassen Sie alle Erwartungen oder Vorurteile hinsichtlich des Ausgangs oder der Antwort los. Finden Sie zu einem Punkt der Mitte und Stille, in dem nur Ihre Frage schwingt.

Dann können Sie die gemischten Karten als einen Fächer vor sich ausbreiten und intuitiv jeweils eine Karte für jeden Platz des gewählten Legesystems auswählen. (Manche Menschen heben den gemischten Stapel auch ab und ziehen dann von oben nacheinander die Karten für die jeweiligen Plätze.)

Deutung

Nachdem alle Plätze belegt sind, nehmen Sie zunächst die restlichen Tarotkarten zusammen und legen sie beiseite. Nun decken Sie eine Karte nach der anderen auf, wiederum in der Reihenfolge des gewählten Legesystems, und lassen die Bilder auf sich wirken. Die folgende Deutung kann sich sowohl an Ihren Eingebungen orientieren als auch an den Schlüsselworten in diesem Buch – oder auch an anderen Interpretationsvorschlägen.

Denken Sie daran, daß die Deutung nichts Mechanisches ist, sondern eine Einfühlung in sinnhafte Bilder, die aufgrund des kosmischen Gesetzes der Synchronizität gerade jetzt gefallen oder gezogen worden sind, als Sie diese oder jene Frage in den Mittelpunkt Ihrer Bewußtheit gestellt haben.

Zur Erinnerung
Denken Sie daran, daß bei Ihrer Deutung prinzipiell:
- die Karten der großen Arkana für wichtige Lebensthemen, zentrale Abschnitte und neue, längerfristig wirksame Orientierungen im Leben stehen;
- die Hof- oder Personenkarten konkrete Menschen bezeichnen, Sie selbst oder Menschen, mit denen Sie zu tun haben (werden); und schließlich
- die Zahlenkarten auf kleinere Ereignisse hinweisen und Zeiträume in Form von Tagen oder Wochen angeben.

Tageskarte, Meditationskarte
1 Karte
Die einfachste Art der Auslegung besteht darin, daß Sie am Morgen eine Tageskarte ziehen, die das geistige Thema signalisiert. Sie können auch eine einzige Karte ziehen, um darüber zu meditieren. Weiter unten folgen nun Erklärungen zu Legetechniken mit mehr als einer Karte.

Der Pfeil der Zeit
3 Karten

  3

1 2

Vergangenheit – Gegenwart – Zukunft
1: Die 1. Karte symbolisiert die Vergangenheit. Welche Eigenschaften, Fähigkeiten, Qualitäten, Erwartungen, Hoffnungen und Wünsche bilden das alte Fundament?
2: Die 2. Karte steht für die Gegenwart. Welche Aufgaben, Herausforderungen, Probleme und Chancen gelten jetzt?
3: Die 3. Karte weist auf die Zukunft hin. Welche Energien, Entwicklungspotentiale und Bewußtseinsziele spielen in der Zukunft für Ihre Frage eine Rolle?

Beruf/Geld/Erfolg
1. Karte: Qualität der beruflichen bzw. finanziellen Basis.
2. Karte: Jetzige Arbeitspflichten und zu lösende Aufgaben.
3. Karte: Chancen und Perspektiven der weiteren Entwicklung.

Liebe/Partnerschaft
1. Karte: Was kennzeichnet Ihre bisherige Beziehung?
2. Karte: Welche Energien wirken jetzt zwischen Ihnen?
3. Karte: Welche Vision bestimmt Ihre Partnerschaft?

Selbstverwirklichung
1. Karte: Das ist Ihr »Gepäck« aus früheren Zeiten.
2. Karte: Diese Energie oder Qualität bestimmt Sie jetzt.
3. Karte: Das sind Ihre Möglichkeiten.

Die karmische Aufgabe
3 oder 4 Karten

```
    3       Zukunftskarma
1   2       altes Karma/Lebenskarma
    4       Karmabefreiung
```

1: Die 1. Karte symbolisiert Karma aus früheren Leben.
2: Die 2. Karte steht für Karma aus diesem Leben.
3: Die 3. Karte versinnbildlicht zukünftige karmische Aufgaben.
4: Wenn man eine 4. Karte ziehen möchte, so weist sie auf die Qualitäten hin, die man zur spirituellen Entfaltung und zur Befreiung von Karma entwickeln sollte.

Beruf/Geld/Erfolg
1. Karte: Das ist ein »Erbe« aus früheren Leben.
2. Karte: Das haben Sie in diesem Leben selbst verursacht.
3. Karte: Das sind die Herausforderungen der nahen Zukunft.
4. Karte: Das müssen Sie leisten, um unabhängig zu werden.

Liebe/Partnerschaft
1. Karte: An diesen Dingen können Sie wenig ändern.
2. Karte: Hier müssen beide an einem Strang ziehen.
3. Karte: Das sollte beiden Partnern Freude machen.
4. Karte: Spüren Sie innen hinein, was Sie wirklich wollen.

Selbstverwirklichung
1. Karte: Nur mit Hilfe können Sie diese Lasten tragen.
2. Karte: Versuchen Sie, auf diesem Feld Harmonie zu säen.
3. Karte: Hier können Sie Ihren freien Willen einsetzen.
4. Karte: Meditation hilft, die rechten Ziele zu finden.

Der kleine ägyptische Leitstern
5 Karten

	4 Sehnsucht	
1 Problem	5 Rat	2 Zustand
	3 Pflicht	

Bernd A. Mertz hat in seinem Buch *Der Ägyptische Tarot – Ein Einweihungsweg* drei Legetechniken vorgestellt: einen »kleinen ägyptischen Leitstern«, einen »großen ägyptischen Leitstern« und die »Wege des Thot«. Das erste Legesystem wollen wir hier vorstellen. Dabei geht es um eine »Standpunktorientierung«, die Mertz schreibt.

Bernd A. Mertz benutzt nur die Karten der großen Arkana. Wir empfehlen, anfangs mit nicht mehr 38 Karten, also den 22 der großen Arkana und den 16 der Hofkarten, zu beginnen.

Sie legen die Karten aus, offen oder verdeckt, wie Sie sich vorher entschieden haben. Die letzte Karte sollte auf jeden Fall verdeckt gezogen werden! Nun wählen Sie nacheinander fünf Karten aus.

1: Die 1. Karte steht für Ihr Problem oder Ihre Frage, die Sie jetzt vordringlich beschäftigt.
2: Die 2. Karte soll Ihren derzeitigen Zustand zeigen, Ihre eigene Gemütslage oder die Umstände.
3: Die 3. Karte symbolisiert Ihre Pflicht oder das, was in der Situation notwendig ist.
4: Die 4. Karte ist Sinnbild Ihrer Sehnsucht oder der Wünsche, die Sie in bezug auf das Thema hegen.
5: Die 5. Karte steht für den Rat, den das Tarot Ihnen geben möchte, für die Energie der Seele. Vereinfacht gesagt könnte man auch von einer »Entscheidung« sprechen.

Die fünf Elemente

```
  5                    Äther
 3  4              Luft      Feuer
 1   2         Erde            Wasser
```

Diese Auslegung stammt aus dem Buch *Tarot für Frauen*. Die fünf Elemente stehen für Erde = Festigkeit, Körper, Geld; Wasser = Anpassung, Gefühle, Psyche; Luft = Austausch, Gedanken, Sprache; Feuer = Kraft, Leidenschaft, Läuterung; Äther = Inspiration, Bewußtheit, Vision.

Beruf/Geld/Erfolg
1. Karte: Erbe, Werte, Talente, auf denen man aufbauen kann.
2. Karte: Gemütskräfte, zu genießen und zu kontrollieren.
3. Karte: Themen, die klare Kommunikation verlangen.
4. Karte: Bereiche, die Krafteinsatz erfordern.
5. Karte: Ziele, die rufen, zu neuen Ufern aufzubrechen.

Liebe/Partnerschaft
1. Karte: Das haben Sie gemeinsam als materielle Basis.
2. Karte: Hier müssen Sie sich beide anpassen.
3. Karte: Dies bedarf des offenen Austauschs.
4. Karte: Hier sollten Sie Ihre Leidenschaftlichkeit leben.
5. Karte: Das braucht Mut, um höhere Dimension zu erreichen.

Selbstverwirklichung
1. Karte: Beharrlichkeit, Visionen außen zu suchen.
2. Karte: Empfindsamkeit, Visionen innen zu spüren.
3. Karte: Verständnis, Visionen zu begreifen.
4. Karte: Kraft, Visionen zu leben.
5. Karte: Die Vision.

Das Hufeisen I
6 Karten

In Abwandlung eines Vorschlags von Colette Silvestre-Haeberle aus dem Buch *Tarot – Spiegel des Schicksals*. Handbuch zum Tarot de Marseille.

```
 1    6      ☐    ☐
2      5      ☐  ☐
 3    4        ☐ ☐
```

1: Thema, Frage oder Problem der Gegenwart.
2: Innere oder äußere Hoffnungen zur Lösung.
3: Karmische Kräfte der Vergangenheit.
4: Innere oder äußere Hindernisse in der Gegenwart.
5: Karmische Hilfen in der nahen Zukunft.
6: Antwort des Tarot.

Das Hufeisen II
7 Karten

Der folgende Legevorschlag stammt von Alfred Douglas, aus seinem Buch *Ursprung und Praxis des Tarot*. Er wurde von uns im Hinblick auf die Bedeutung der 6. Karte konstruktiv erweitert (Douglas spricht nur von »Hindernissen«).

```
1   7
2     6
 3 4 5
```

1: Die 1. Karte zeigt Einflüsse aus der Vergangenheit an.
2: Die 2. Karte bezeichnet die jetzige Situation.
3: Die 3. Karte weist auf zukünftige Einflüsse hin.
4: Die 4. Karte versinnbildlicht, wie sich der Fragende jetzt am besten verhalten kann oder soll.
5: Die 5. Karte deutet auf die Einflüsse aus der Umgebung.
6: Die 6. Karte symbolisiert Hindernisse oder Hilfen.
7: Die 7. Karte steht für den wahrscheinlichen Ausgang.

Der Stern der Liebe
6 Karten

Diese Legeart haben wir in unserem Buch *Tarot der Liebe* vor sieben Jahren zum erstenmal vorgestellt. Die Auslegung hat sich gerade für Partnerschaftsthemen sehr bewährt.

Die erste Karte wird aus den Karten der großen Arkana offen ausgesucht (!). Sie bezeichnet Thema, Qualität und/oder Person des Fragestellers.

```
    5
2   1/6   3
    4
```

1: Die 1. Karte (offen gewählt!) steht für Frage und Fragenden.
2: Die 2. Karte symbolisiert die weiblichen Energien und Einflüsse, welche auf das Fragethema und den Fragesteller wirken.
3: Die 3. Karte weist auf die männlichen Kräfte hin.
4: Die 4. Karte versinnbildlicht Schicksalslehren der Vergangenheit, die eine Rolle spielen (und uns meist unbewußt sind).
5: Die 5. Karte steht für die Ziele, Wünsche, Hoffnungen und Befürchtungen des Fragestellers und dafür, wohin seine Energie in bezug auf die Frage läuft.
6: Die 6. Karte bezeichnet Hilfen oder Hindernisse auf dem Weg zur Beantwortung der Frage bzw. Lösung des Problems.

Die Pyramide
6 Karten

Die untere Reihe zeigt drei Karten; die mittlere Reihe hat zwei Karten; in der dritten Reihe liegt eine Karte; von oben nach unten also:

Der Höhepunkt, Geist, Seele, höchste Ziele
Die Entfaltung, Gemüt, Gefühle, neue Einflüsse
Das Fundament, Körper, Materie, die jetzigen Möglichkeiten

```
  6
 4 5
1 2 3
```

1: Die 1. Karte steht für das materielle Potential, das für das Fragethema eine Rolle spielt.
2: Die 2. Karte steht für die emotionalen Möglichkeiten, die für das Fragethema eine Rolle spielen.
3: Die 3. Karte steht für die mentalen Fähigkeiten, die für das Fragethema eine Rolle spielen.
4: Die 4. Karte steht für die weiblichen Energien, die jetzt oder in naher Zukunft auf das Fragethema wirken.
5: Die 5. Karte steht für die männlichen Kräfte, die jetzt oder in naher Zukunft auf das Fragethema wirken.
6: Die 6. Karte symbolisiert die Lebensaufgabe, die als Ziel hinter dem Fragethema steht. Diese Karte steht gleichzeitig für die Kraft, dieses Ziel zu erreichen.

Die Parabel der Sieben
7 Karten

Diese Legeart hat Gerd Ziegler, einer der meistgelesenen Tarotautoren, in seinem Buch *Tarot – Spiegel deiner Bestimmung* vorgeschlagen.

```
1       7
 2     6
  3 5
   4
```

1: Die 1. Karte deutet auf die Vergangenheit oder das, was jetzt gerade zu Ende geht.
2: Die 2. Karte bezeichnet das zentrale Thema der Gegenwart.
3: Die 3. Karte weist auf die Zukunft hin oder das, was jetzt gerade beginnt.
4: Die 4. Karte symbolisiert, was nun zu tun ist.
5: Die 5. Karte steht für hilfreiche oder störende Einflüsse von außen.
6: Die 6. Karte sagt etwas über unsere innersten Hoffnungen oder Befürchtungen aus.
7: Die 7. Karte bringt das »Ergebnis«, den Ausgang bzw. sie zeigt das Thema an, was den Ratsuchenden in der nächsten Zeit stark beschäftigen wird.

Die Tarot-Lemniskate
oder
Die 8 der Unendlichkeit

Diese Legeart ist im Buch *Tarot für Frauen* von Gayan S. Winter zum erstenmal veröffentlicht worden. Sie eignet sich vor allem für Liebesangelegenheiten und Partnerschaftsfragen.

```
 7     6
8 1   2 5
 3     4
```

1: Die 1. Karte ist Symbol für Anima, Yin-Kraft, Partnerin.
2: Die 2. Karte ist Sinnbild für Animus, Yang-Kraft und Partner.
3: Die 3. Karte weist auf das Karma der weiblichen Seite hin.
4: Die 4. Karte zeigt das Karma der männlichen Seite an.
5: Die 5. Karte sind Hoffnungen und Wünsche der Partnerin.
6: Die 6. Karte sind Hoffnungen und Wünsche des Partners.
7: Die 7. Karte symbolisiert den Weg zur Antwort oder Lösung.
8: Die 8. Karte ist Sinnbild des möglichen Ergebnisses.

Das keltische Kreuz
10 Karten

Dies ist eine der ältesten und traditionellsten Legetechniken. Ob sie wirklich auf die Kelten zurückgeht, kann heute nicht mehr mit Sicherheit geklärt werden. Diese Legetechnik eignet sich für praktisch alle Fragen. Man sollte dafür aber, wie bei allen Auslegungen mit zehn Karten oder mehr, nicht nur die großen Arkana, sondern ein komplettes Tarotspiel verwenden.

```
    3
            10
5  1/2  6    9
             8
    4        7
```

1: Was ist der Kern meiner Frage?
2: Was hilft mir oder behindert mich?
3: In welche Richtung strebe ich spirituell?
4: Was ist mein karmischer Hintergrund?
5: Was hat äußerlich bis vor kurzem eine Rolle gespielt?
6: Was wird äußerlich in naher Zukunft von Bedeutung sein?
7: Wie sehe ich mich selbst?
8: Wie sehen mich die anderen?
9: Was hoffe oder fürchte ich in bezug auf meine Frage?
10: Was ist das »Ergebnis«, der Orakelspruch oder der Rat des Tarot?

Der kabbalistische Lebensbaum
10 Karten

Diese Auslegung geht auf die frühen Geheimlehren des Judentums zurück. Der Lebensbaum stellt zehn Emanationen (Sephiroth) der Gottheit dar, die zusammen symbolisch den himmlischen Menschen bilden. Wir übertragen die kabbalistische Weisheit hier sinngemäß für die Tarotdeutung:

Die Karten bedeuten:

```
            1
    3           2
    5           4
            6
    7           8
            9
           10
```

1: Krone, sichtbares Fragethema.
2: Weisheit, Einfühlung in höhere Ziele.
3: Verständnis, Vertiefung durch Strukturen.
4: Gnade, Öffnung für neue Perspektiven.
5: Stärke, instinktive Einsatzbereitschaft.
6: Schönheit, Willenskraft zur Lösung.
7: Sieg, Übereinstimmung mit der Umwelt.
8: Ruhm, Kommunikation mit der Umwelt.
9: Basis, Gemütseinstellung zum Thema.
10: Reich, Verwirklichung im Erdenleben.

Beachten Sie auch die jeweiligen Querverbindungen zwischen den Kartenplätzen, um bei Ihrer Deutung mit zu berücksichtigen, welche Plätze auf besondere Weise miteinander zu tun haben.

Der Partnerdialog
12 Karten

Diese Auslegung können Sie allein oder zu zweit durchführen.
Wenn Sie zu zweit sind, ziehen Sie die Karten abwechselnd.

  1   2
  3   4
  5   6
  7   8
  9 10
 11 12

 1+ 2: Was kann ich Dir geben? Was kannst Du mir geben?
 3+ 4: Was erwarte ich von Dir? Was erwartest Du von mir?
 5+ 6: Was liebe ich an Dir? Was liebst Du an mir?
 7+ 8: Was stört mich an Dir? Was stört Dich an mir?
 9+10: Wie sehe ich Dich? Wie siehst Du mich?
11+12: Wohin möchte ich mit Dir? Wohin möchtest Du mit mir?

Sie können den Partnerdialog selbstverständlich individuell umgestalten, erweitern oder sonst verändern.

Das Jahres-Mandala
12 oder 13 Karten

Diese Legemethode wird als einmalige Auslegung zu Beginn eines Jahres empfohlen, um einen Überblick über die Themen des kommenden Jahres zu gewinnen. Sie können Sie zum Beispiel auch an Ihrem Geburtstag benutzen.

```
     10
   11    9
  12        8
 1   (13)    7
  2        6
    3    5
     4
```

Jede Karte steht für einen Monat, also die 1. Karte für den Januar, die 2. für den Februar und so fort. Die 13. Karte (falls man sie ziehen will) steht für das »Generalthema« des Jahres.

Falls Sie diese Auslegung an einem Geburtstag durchführen, so wird der jeweilige Monatsabschnitt natürlich immer vom Geburtstag selbst an gezählt. Hat jemand am 11. Mai Geburtstag, so steht die 1. Karte für die Zeit vom 11. Mai bis zum 10. Juni, die 2. Karte für die Zeit vom 11. Juni bis zum 10. Juli und so weiter.

Das Horoskop-Mandala
12 oder 13 Karten

 *im Jahr*

Das Horoskop-Mandala ist wie das Jahres-Mandala aufgebaut. Die Zahlen von 1 bis 12 beziehen sich hier jedoch nicht auf Monate, sondern auf die astrologischen Häuser eines Horoskops und ihre typischen Themenfelder.

```
      10
   11     9
  12         8
 1   (13)   7
   2       6
     3   5
       4
```

1: Die 1. Karte bezeichnet Elan und Lebenskraft und wie Sie Ihren Selbstwert derzeit einschätzen und ausleben.
2: Die 2. Karte steht für Nehmen und Geben, Werte, Talente.
3: Die 3. Karte zeigt kurz Alltag, Umwelt, Reisen, Briefe.
4: Die 4. Karte weist auf Heim und Heimat, Familie und den Lebensgrund.
5: Die 5. Karte steht für Spiel, Kreativität, Kinder.
6: Die 6. Karte gilt als Anzeiger für Arbeit, Dienste und Gesundheitsfragen.
7: Die 7. Karte versinnbildlicht persönliche Partnerschaft.
8: Die 8. Karte deutet auf Krisen und deren Ursachen hin.
9: Die 9. Karte steht für neue geistige Horizonte.
10: Die 10. Karte zeigt Möglichkeiten des Berufserfolgs an.
11: Die 11. Karte bedeutet Freunde und soziale Kreise.
12: Die 12. Karte weist auf Wege zur Innenschau und Meditation, zur Stille und spirituellen Selbstfindung.

7.
Tarot und Numerologie, Tarot und Astrologie

Numerologie ist die Zahlenkunde, das Wissen um die besondere Bedeutung von Zahlen und Ziffern. Bekanntlich gibt es Entsprechungen zwischen Buchstaben und Zahlenwerten. Es gibt auch Beziehungen zwischen den Tarotkarten und bestimmten Zahlen. Diese Entsprechungen ergeben sich aus den Zahlenwerten der Karten, die meist auf den Karten abgedruckt sind. Der Magier ist die Karte 1 der großen Arkana, die Hohepriesterin die Karte 2 und so fort.

In der Numerologie bildet man Quersummen bei Zahlen über 9; eine Tarotkarte 19, die Sonne, ergibt die Quersumme 1 ($1+9=10$, $1+0=1$). Die Hof- oder Personenkarten tragen keine Zahlen, die anderen Karten der kleinen Arkana jedoch sehr wohl, und zwar von 1 (= As) bis zur 10 einer Farbe.

Hier Stichworte zur Bedeutung der Grundzahlen von 1 bis 9:

1: Neubeginn, Aufbruch, Selbst, Sonnenkraft.
2: Begegnung, Partnerschaft, Yin-Yang-Ausgleich, Mondkraft.
3: Manifestation, schöpferische Gestaltung, Merkurkraft.
4: Struktur, Sicherheit, Begrenzung, Jupiterkraft.
5: Freiheit, Veränderung, Entscheidungschance, Marskraft.
6: Harmonie, Gleichgewicht, Lebensfreude, Venuskraft.
7: Analyse, Prüfungen, Belastungen, Saturnkraft.
8: Lebensrhythmus, Wandelbarkeit der Realität, Uranuskraft.
9: Abschluß, Vollendung, Vervollkommnung, Neptunkraft.
10: Durchbruch, überpersönliche Transformation, Plutokraft.
0: Noch ungeschaffene Wirklichkeit, noch ungeformte Qualitäten, damit auch Gelöstheit oder Lösung, Ungebundenheit oder Bindungslosigkeit.

Wenn Sie sich für Numerologie interessieren, empfehlen wir Ihnen das Buch von Daniel Jacobs, *Die Energie der Zahlen – Was Ihre persönlichen Zahlen Ihnen verraten,* das ebenfalls in der ECON-Reihe »Esoterik & Leben« erscheint.

Einige Parallelen zur Astrologie sind in der Übersicht zu den Zahlen oben schon erwähnt. Es gibt natürlich auch ganz andere Zuordnungen als diese. Ein Versuch, Astrologie und Tarot zusammenzuführen, besteht darin, den 22 Karten der großen Arkana die 12 Tierkreiszeichen und die 10 Planeten zuzuordnen. Allerdings sind und bleiben alle Zuordnungen umstritten.

Zum Beispiel meint A. T. Mann, daß die Tarotkarte *Der Kaiser,* die Nummer 4, zu Mars, Sonne und Widder gehört; andere sehen hier Jupiter als entscheidende Planetenanalogie zum Kaiser oder Herrscher.

Während es zwischen Tarot und Numerologie sehr direkte und klar ableitbare und abzulesende Verbindungen gibt, existieren wirklich eindeutige Zusammenhänge zwischen Tarot und Astrologie nicht. Sie haben natürlich insofern miteinander zu tun, als beide – Astrologie und Tarot – esoterische Disziplinen sind, die Selbsterkenntnis und Verständnis für die Beziehungen zwischen Mensch und Schöpfung, zwischen Mikro- und Makrokosmos fördern wollen.

8.
Die populärsten Tarotsets

Auf den nächsten Seiten stellen wir Ihnen die wichtigsten Tarotspiele vor, anhand von Beispielkarten und mit kurzen Erläuterungen.

Wenn Sie sich daranmachen, zum erstenmal ein Tarotspiel auszusuchen, für sich selbst oder als Geschenk, so wollen Sie folgende Punkte vielleicht bedenken:
- Gefällt Ihnen der Stil der Karten, die Darstellung der Gestalten, die Farbgebung und so fort?
- Schauen Sie die Beschriftungen der Karten an: Ist die Numerierung der Karten der großen und der kleinen Arkana für Sie auf den ersten Blick gut erkennbar? Sind Sie mit den kurzen Bildunterschriften, die auf manchen Karten auftauchen, einverstanden, oder schrecken diese Sie eher durch zu negative Begriffe ab? Können Sie Begriffe, die Sie nicht mögen, leicht »ausblenden« oder eher nicht?
- Spricht der esoterische, magische oder spirituelle Geist eines bestimmten Spiels Sie mehr an als der anderer Karten?
- Liegen die Karten gut in der Hand? Ist die Größe für Sie richtig? (Vom Rider-Waite-Tarot und vom Crowley-Tarot gibt es mehrere Formate!)

Arthur Edward Waite war ein amerikanischer Esoteriker, Freimaurer und Fachmann auf dem Gebiet der Rosenkreuzer, der 1942 verstarb. Er war bis 1914 Mitglied im »Golden Dawn«-Orden, dem »Orden der Goldenen Morgendämmerung«.

Waite beauftragte die Künstlerin Pamela Colman Smith, ein neues Tarotkartenspiel auszuführen, das seinen inhaltlichen, esoterisch-okkulten Angaben entsprach. Waite selbst nennt das Tarot »Fragmente einer geheimen Tradition unter dem Schleier der Weissagekunst«. Damit wollte er zum Ausdruck bringen, daß das Tarot einen inneren Entwicklungsweg der menschlichen Persönlichkeit darstellt und sein Gebrauch als Orakel- oder Wahrsagekarten die wahre, mystische Bedeutung nur absichtsvoll verschleiert.

Waite bemerkt zu Anfang seines Buchs *Der Bilderschlüssel zum Tarot:* »Der echte Tarot ist reine Symbolik; er spricht keine andere Sprache und offenbart keine anderen Merkmale. Wird die innere Bedeutung seiner Sinnbilder gegeben, entsteht eine Art des Alphabets, die zu unbegrenzten Kombinationen imstande ist und einen ganzheitlichen, echten Sinn ergibt. Auf der höchsten Ebene bietet er einen Schlüssel zu den Mysterien auf eine Art und Weise, die nicht künstlich ist und bisher auch nicht erkannt wurde. In jedem Werk, das bisher über diesen Gegenstand veröffentlicht wurde, sind sowohl die symbolischen Darstellungen unrichtig wie auch die Mitteilungen über die Geschichte des Tarot.«

Auch Waite ging mit den Bildinhalten jedoch durchaus willkürlich um. Die oft düsteren symbolischen Darstellungen aufgrund seiner persönlichen Erkenntnisse sind ebenfalls nur eine mögliche Sicht unter vielen anderen. Dies ist das derzeit meistverkaufte Tarotspiel der Welt.

Das Rider-Waite-Tarot

Magier, Hohepriesterin, Königin der Kelche, As der Stäbe

Edward Alexander Crowley, ein Engländer, der sich Aleister Crowley nannte, lebte von 1875 bis 1947. Horst E. Miers bezeichnet ihn in seinem *Lexikon des Geheimwissens* als: »neben Gurdjew wohl der bedeutendste aktive Magier dieses Jahrhunderts«. Crowley wurde 1898, übrigens auf Waites Empfehlung hin, in den esoterischen »Orden der Goldenen Morgendämmerung« aufgenommen.

Nach kurzer Zeit übertrafen seine okkulten Fähigkeiten die seiner Lehrer. Er gründete mehrere eigene Orden, so den »Astrum Argentinum« mit ägyptischen Ritualen. Später wandte er sich mehr speziellen Yogatechniken zu.

Crowley sah sich zunehmend als Weltenlehrer an, der von einer höheren Dimension beauftragt worden sei, esoterische Welt- und Lebensgesetze zu offenbaren. Zumindest zeitweise hielt er sich indes auch für das »Biest«, den »Teufel« höchstpersönlich. Seine Widersprüchlichkeit fesselte viele Menschen. Das von ihm verkündete »Gesetz von Thelema« beginnt mit den Worten: »An die Menschen! Tue was du willst, soll das ganze Gesetz sein.«

Crowley sah das Tarot als das wichtigste Einzelelement der Kabbala an, der judäischen Geheimlehre. Er gewann die Künstlerin Frieda Harris dazu, ein neues Tarotkartenspiel nach seinen Vorstellungen zu entwerfen. Die Karten bestechen viele Menschen heute durch die Dynamik der Farben, die Energie der Figuren und die einfühlsame Ausführung.

Crowley meinte, noch mehr als Waite, eine Reihe von Karten einseitig negativ deuten zu sollen – entgegen den numerologischen Grundlagen des Tarot, wonach es keine an sich »schlechte« Zahl gibt. In seinem Werk *Das Buch Thoth* stellt Crowley seinen Zugang und seine Deutung des Tarots dar. Sein Tarot ist, gemessen am Verkaufserfolg, das zweitpopulärste weltweit.

Das Crowley-Tarot

Magier, Hohepriesterin, Königin der Kelche, As der Stäbe

Das Tarot der Liebe wurde 1989 von den Autoren dieses Büchleins zusammen mit der amerikanischen Künstlerin Marcia Perry erarbeitet. Seine Zielrichtung war, alle wesentlichen archetypischen Symbole, Gestalten und Elemente der ältesten bekannten Tarotkarten zu bewahren, aber an die Stelle der willkürlichen okkult-düsteren Besetzung der Bilderkarten eine kreative Darstellung der Chancen zu bieten, die jede einzelne Tarotkarte bedeutet.

Tarot sollte neu entdeckt werden als das, was es neben einem Orakel- und Wahrsagespiel und neben einem tiefgründigen Mysterienspiel auch sein kann: Lebenshilfe!
Psychologische Zusammenhänge in Situationen, an denen mehrere Menschen teilnehmen, die Ausrichtung auf positive Problemlösungen und die Entwicklung konstruktiver Verhaltensmuster stehen im Mittelpunkt dieses Spiels.
Marcia Perry hat lebensfrohe Farben und fließende Bewegungen als Mittel verwendet, um traditionelle Bildelemente auf neue Weise zu präsentieren. Interessant und einmalig ist auch, daß es in diesem Tarotspiel genauso viele Frauengestalten wie Männerfiguren gibt und daß nicht nur Mitteleuropäer dargestellt sind, sondern Menschen aller Hautfarben und Herkunftsländer.

Bei Partnerschaftsfragen hat sich gerade dieses psychologisch orientierte Tarot in der Praxis sehr bewährt. Andererseits vermissen manche BenutzerInnen »Problemtiefe« und stören sich an der im Zweifelsfall manchmal naiven Darstellung der Gestalten. Das ideale Tarotkartenspiel gibt es – leider oder Gott sei Dank – nicht und wird es wohl auch nie geben. Als »Zweit-Tarot« ist das *Tarot der Liebe* auf jeden Fall empfehlenswert, vielleicht auch besonders als Geschenk.

Das Tarot der Liebe

Magier, Hohepriesterin, Königin der Kelche, As der Stäbe

1 Der Magier

2 Die Hohepriesterin

Königin der Blüten

As der Stäbe

Das Tarot der weisen Frauen heißt im englischen Original auch »Der alte Weg der magischen Kulte«. Es wurde in den achtziger Jahren in Zusammenarbeit zwischen der Künstlerin Sylvia Gainsford mit dem Tarotexperten Howard Rodway und acht »eingeweihten« Frauen neu geschaffen.

Wie beim Tarot der Liebe spielen auch in diesem Spiel die Natur – wuchernde Pflanzen und weiche Formen – sowie die Sprache der Blumen eine besondere Rolle. Alle beteiligten Frauen sind »Hexen« (im alten, positiven Sinn!), Heilerinnen und Medien.

Ihr Zugang zum Tarot drückt sich in einem Tarotspruch von Patricia C. Crowther, einer Mitarbeiterin Rodways, aus:

>»Ich bin ein universales Orakel
>Ich halte den Schlüssel zur Schicksalserforschung
>Ich beantworte jede Frage
>Ich manifestiere alte Weisheit
>Ich bringe die Naturgesetze zum Ausdruck
>Ich umfasse alles, was heilig ist
>Ich enthülle das Esoterische
>Ich spreche zum Skeptiker
>Ich zeige den Königsweg
>Ich füge alle Elemente zusammen
>Ich erleuchte die Sibylle
>Ich reiche dem Sucher das Licht
>Ich bin ... DAS TAROT«

Zahlreiche Bildelemente erinnern an das Rider-Waite-Tarot, Stil und Ausführung sind jedoch modern und geradlinig und nicht okkult »verschroben«. Dieses wunderschöne und sensible Tarot verdient größere Verbreitung. Wir empfehlen es als Erst- oder Zweit-Tarot.

Das Tarot der weisen Frauen

Magier, Hohepriesterin, Königin der Kelche, As der Stäbe

Der Magier
I

Die Hohepriesterin
II

Königin der Kessel

As der Stäbe

Diese Karten lassen das mittelalterliche, höfische Leben Europas in Symbolen, Kostümen und Situationen lebendig werden. Der goldene Hintergrund der großen Arkana und der Hofkarten erinnern an italienische Karten aus dem 15. Jahrhundert, die dargestellten Gestalten sind von Meisterwerken der Renaissance inspiriert worden.

Das Scapini-Tarot verbindet mittelalterliche Ikonen mit den esoterischen Inhalten des Tarotspiels, wie sie vor allem in Geheimzirkeln seit dem 19. Jahrhundert verstanden wurden. Die Arbeit berühmter Okkultisten wie Papus, Oswald Wirth und Waite haben dieses Tarot beeinflußt.

In den Karten finden aufmerksame BetrachterInnen oft humorvolle und meist überraschende Anspielungen auf verborgene Bedeutungen der Karten.

Stuart R. Kaplan, der vermutlich beste Kenner des Tarot, meint über das Talent des zeitgenössischen italienischen Künstlers Luigi Scapini, der diese Karten geschaffen hat:

»Hätte Luigi Scapini während der Renaissance gelebt, hätten die Mailänder Familien Visconti und Sforza ihn gewiß damit beauftragt, die ›Triumph-Karten‹ (oder Trumpfkarten, Teil eines beliebten Kartenspiels, das noch nicht die heute meist übliche Form der Tarotkarten hatte, sondern eher den normalen Spielkarten ähnelte) zu malen. Die Herrlichkeit der Scapini-Karten mit ihrem wunderschönen Bilderreichtum und ihrer brillanten schöpferischen Ausdruckskraft wären am herzöglichen Hof sehr bewundert worden.«

Das Scapini-Tarot ist ein besonders wertvoll anmutendes Spiel, das sich gut als Geschenk zu einem besonderen Anlaß eignet, oder als Tarotspiel, mit dem man nicht alltägliche Fragen zu beantworten sucht.

Scapini-Tarot

Magier, Hohepriesterin, König der Kelche, As der Stäbe

Das Zigeuner-Tarot

Magier, Hohepriesterin, Königin der Kelche, As der Stäbe

THE MAGICIAN
LE BATELEUR

THE HIGH PRIESTESS
LA PAPESSE

QUEEN OF CUPS
REINE DES COUPES

ACE OF WANDS
AS DES BÂTONS

Tarot Classic

Magier, Hohepriesterin, Königin der Kelche, As der Stäbe

Settanni-Tarot

Magier, Hohepriesterin, Königin der Kelche, As der Stäbe

1JJ-Tarot

Magier, Hohepriesterin, Königin der Kelche, As der Stäbe

Ibis-Tarot

Magier, Hohepriesterin, Königin der Kelche, As der Stäbe

DER MAGIER

II. DAS TOR DES HEILIGTUMS

XXXVIII. DIE HERRIN DER SCHALE

XXVII. DAS ZEPTER

Oswald-Wirth-Tarot

Magier, Hohepriesterin, Königin der Kelche, As der Stäbe

Tarotspiele mit 22 Karten

Wir stellen Ihnen jetzt zwei interessante Tarotspiele kurz vor, die nur aus den Karten der großen Arkana bestehen. Manche Menschen ziehen es vor, mit weniger Karten zu arbeiten; für diese sind solche Spiele gut geeignet.

Tarot 2000

Dieses Spiel wurde von Ursula Schostok entworfen. Das dazugehörige Buch heißt *Tarot 2000 – Einstieg in die neue Zeit*. Der Text wurde von Mascha Rabben verfaßt.

Die 22 Karten der großen Arkana heißen:
- 0 Der Narr – Freiheit, Abenteuer, Ungewißheit
- 1 Der Magier – Entfaltung von Kräften
- 2 Die Hohepriesterin – Die eigene Intuition entdecken
- 3 Die Herrscherin – Fruchtbarkeit, Fülle, Sinnlichkeit
- 4 Der Herrscher – Sicherheit, Struktur, Autorität
- 5 Der Hierophant – Spirituelle Führung, Moral
- 6 Die Entscheidung – Menschliche Liebe
- 7 Der Wagen – Herausforderungen auf dem Weg
- 8 Die Kraft – Die sanfte Macht des Weiblichen
- 9 Der Eremit – Suche nach Sinn
- 10 Das Rad – Karmische Gesetze, Schicksal
- 11 Die Gerechtigkeit – Die eigene Mitte finden
- 12 Der Gehängte – Kopfüber, neue Sicht
- 13 Der Tod – Transformation, Wiedergeburt
- 14 Die Ausgewogenheit – Überirdische Harmonie
- 15 Der Teufel – Verhaftung, Ichsucht
- 16 Der Turm – Erzwungene Veränderung
- 17 Der Stern – Neue Hoffnung
- 18 Der Mond – Sehnsucht der Seele
- 19 Die Sonne – Irdisches Glück
- 20 Das Gericht – Wir richten uns selbst
- 21 Die Welt – Selbstverwirklichung

Magier, Hohepriesterin
jeweils von Tarot 2000 und vom ägyptischen Tarot

Der äygptische Tarot

Dieses bemerkenswerte Tarotspiel wurde von Kamilla Szij nach Vorgaben des Tarotexperten Bernd A. Mertz geschaffen. Es konzentriert sich auf wesentliche Bildinhalte, Symbole und Zeichen, die der Mythenforscher Mertz auf seinen Studienfahrten nach Ägypten entdeckt hat. Die Karten bestechen durch ihre Klarheit und die eindrucksvolle Gestaltung mit nur drei Farben: Schwarz, Weiß und Gold. Buch und Spiel sind unter dem Namen *Der Ägyptische Tarot* veröffentlicht.

Die 22 Karten heißen:

- 0/22 Der Uneingeweihte
- 1 Der Magier
- 2 Die Hohepriesterin
- 3 Die Pharaonin
- 4 Der Pharao
- 5 Der Hohepriester
- 6 Die zwei Wege
- 7 Der Wagen des Osiris
- 8 Die Gewissenswaage
- 9 Der Einsiedler
- 10 Sphinx
- 11 Die Kraft
- 12 Der Hängende
- 13 Die Schwelle
- 14 Die zwei Urnen
- 15 Dämon
- 16 Der Turm
- 17 Der magische Stern
- 18 Der Mond
- 19 Die Sonne
- 20 Die Auferstehung
- 21 Das All

9.
Vordrucke für Legesysteme

Vielleicht wollen Sie sich diese Vordrucke fotokopieren, um sie bequem bei der Hand zu haben.

Die fünf Elemente

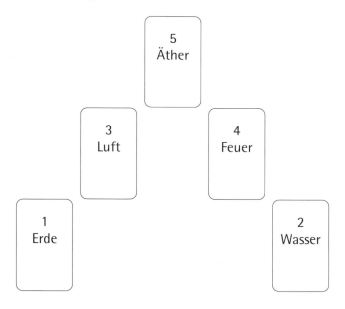

Der Stern der Liebe

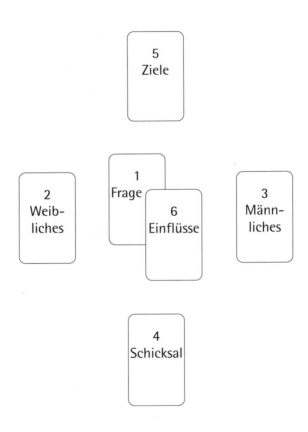

Das Hufeisen I

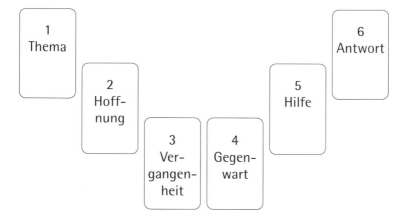

Die Tarot-Lemniskate

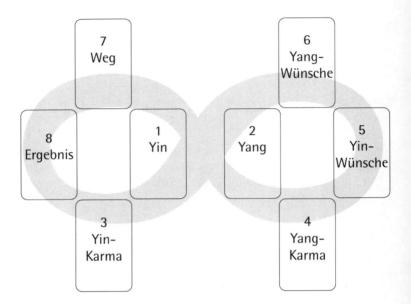

Das keltische Kreuz

1: Kern der Frage
2: Was hilft oder behindert?
3: Spirituelle Richtung
4: Karmischer Hintergrund?
5: Vergangene äußere Einflüsse
6: Zukünftige äußere Einflüsse
7: Selbstbild
8: Fremdbild
9: Hoffnungen oder Ängste
10: Ergebnis oder Rat des Tarots?

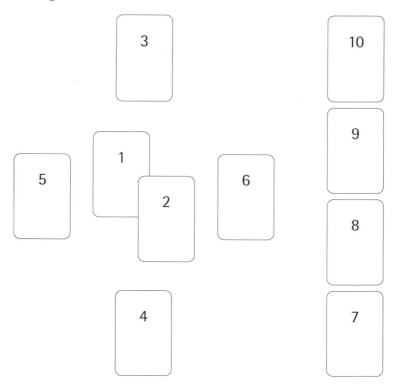

Der kabbalistische Lebensbaum

1: Krone, sichtbares Fragethema
2: Weisheit, Einfühlung in höhere Ziele
3: Verständnis, Vertiefung durch Strukturen
4: Gnade, Öffnung für neue Perspektiven
5: Stärke, instinktive Einsatzbereitschaft
6: Schönheit, Willenskraft zur Lösung
7: Sieg, Übereinstimmung mit der Umwelt
8: Ruhm, Kommunikation mit der Umwelt
9: Basis, Gemütseinstellung zum Thema
10: Reich, Verwirklichung im Erdenleben

Das Horoskop-Mandala

1: Elan, Lebenskraft, Selbstwert
2: Nehmen und Geben, Werte, Talente
3: Alltag, Umwelt, Reisen, Briefe
4: Heim und Heimat, Familie, Lebensgrund
5: Spiel, Kreativität, Kinder
6: Arbeit, Dienste, Gesundheitsfragen
7: Partnerschaft
8: Krisen und Ursachen
9: Neue geistige Horizonte
10: Möglichkeiten für Berufserfolge
11: Freunde, soziale Kreise
12: Innenschau, Meditation, spirituelle Selbstfindung

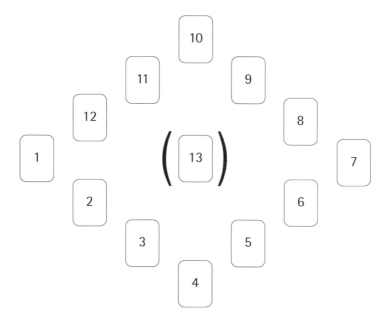

Literaturhinweise

Interessante Tarot-Literatur

Aleister Crowley: *Das Buch Thoth,* Urania Verlag, CH-Neuhausen
Alfred Douglas: *Ursprung und Praxis des Tarot,* Diederichs Verlag, München
Sergius Golowin: *Die Welt des Tarot,* Sphinx Verlag, Basel 1981
Elisabeth Haich: *Tarot,* Drei Eichen Verlag, Engelberg 1983
Bernd A. Mertz: *Karma im Tarot,* Ansata Verlag, Interlaken 1988
– ders.: *Der Ägyptische Tarot,* mvg Verlag, München 1995
Sallie Nichols: *Die Psychologie des Tarot,* Ansata Verlag, Interlaken
Papus: *Tarot der Zigeuner,* Ansata Verlag, Interlaken 1979
Arthur Edward Waite: *Der Bilderschlüssel zum Tarot,* Urania Verlag, CH-Neuhausen
Jan Woudhuysen: *Das Tarotbuch,* Kösel Verlag, München 1984
Gerd Ziegler: *Tarot – Spiegel deiner Bestimmung,* Urania Verlag, CH-Neuhausen 1994

Seminaradressen

Gayan S. Winter gibt Seminare und führt Einzelberatungen durch über Tarot, Energiearbeit und Frauenthemen. Informationen über – (Sphinx-Workshops)

Wulfing von Rohr hält Vorträge zu spirituellen Themen. Informationen über – ECON- Verlag, Kaisersweiher Str. 282, 40474 Düsseldorf

Wichtige Bücher zur spirituellen Entwicklung

Darshan Singh: *Liebe auf Tritt und Schritt – Vom Wunder deiner inneren Welten,* Fischer Media Verlag, CH-Münsingen 1988

Kirpal Singh: *Das Mysterium des Todes,* Origo Verlag, CH-Bern 1995

– ders.: *Karma – Das Gesetz von Ursache und Wirkung,* Origo Verlag, Bern 1984

Rajinder Singh: *Heilende Meditation – Ein praktisches Handbuch,* Urania Verlag, CH-Neuhausen 1996

Weitere Bücher der Autoren

Wulfing von Rohr/Gayan S. Winter: *Das Tarot der Liebe,* Ariston Verlag, Kreuzlingen-München 1990

Gayan S. Winter/Wulfing von Rohr: *Tarot für Frauen,* Heyne Verlag, München 1995

Wulfing von Rohr: *So bleiben Sie gesund! Einfache Wege zu Harmonie und Wohlbefinden,* Fischer Media Verlag, Münsingen – Bern 1996

– ders.: *Wege der Seele – Chancen und Grenzen der Esoterik,* mvg Verlag, München 1995

– ders.: *Karma und freier Wille im Horoskop,* Hier & Jetzt Verlag, Bad Oldesloe 1995

– ders.: *Was lehrte Jesus wirklich? Eine verborgene Botschaft in der Bibel,* Goldmann Verlag, München 1995

– ders.: *Es steht geschrieben – Ist unser Leben Schicksal oder Zufall?* Ariston Verlag, Kreuzlingen – München 1994

Gayan S. Winter: *Meditation für Frauen,* Heyne Verlag, München 1996

Das Econ-Programm der Reihe Esoterik & Leben

Ursula und Wulfing von Rohr
Das neue I-Ging   TB 19000-8

Peral
Die Engel sprechen zu dir   TB 19000-8

Ursula von Rohr
Edelsteine für Frauen   TB 19003-2

Iris Bleek
Botschaften der Seele   TB 19004-0

Albert Padval
Düfte und Aromatherapie   TB 19005-9

John Starr
Die Bedeutung deiner Hand   TB 19006-7

Wulfing von Rohr
Karma und Reinkarnation   TB 19007-5

Petra Kandelsberger/Annemarie Claucig
Bachblüten   TB 19008-8

Daniel Jacobs
Das Geheimnis der Zahlen   TB 19009-1

Azlan White/Wulfing von Rohr
Mondkraft   TB 19010-5

Ursula und Wulfing von Rohr
Meditation   TB 19008-8

ECON ESOTERIK & LEBEN

Iris Bleek
Botschaften der Seele
Was Ihr Körper Ihnen sagen will: Krankheiten und ihre Bedeutung
96 Seiten, TB 19004-0

Petra Kandelsberger/
Annemarie Claucig
Bachblüten
Selbstheilung für die Seele
96 Seiten, TB 19008-3

Daniel Jacobs
Das Geheimnis der Zahlen
Was Ihre persönlichen Zahlen Ihnen verraten
96 Seiten, TB 19009-1

Albert Padval
Das Geheimnis der Düfte
Aromatherapie als Weg zur Harmonie
96 Seiten, TB 19005-9

John Starr
Die Bedeutung deiner Hand
Eine systematische Anleitung zum Handlesen
128 Seiten mit zahlr. Abbildungen
TB 19006-7

Wulfing von Rohr
Karma und Reinkarnation
Einführung in die Spiritualität
128 Seiten, TB 19007-5

ECON TASCHENBÜCHER

ECON ESOTERIK & LEBEN

Ursula und
Wulfing von Rohr
Meditation
Der tägliche Weg zum
Selbst
96 Seiten, TB 19011-3

Wulfing von Rohr/
Gaylan S. Winter
Zauber des Tarot
Die Einführung für
alle Kartensets und
Legesysteme
128 Seiten mit
54 sw-Abbildungen
TB 19001-6

Pearl
**Die Engel sprechen
zu dir**
Trost und Inspiration
für jeden Tag
96 Seiten, TB 19002-4

Ursula von Rohr
**Edelsteine für
Frauen**
Harmonische Schwingungen heilen Körper,
Geist und Seele
96 Seiten, TB 19003-2

Paul Sneddon
Das neue I Ging
Chinesische Weisheit
für heute
112 Seiten, TB 19000-8

Azlan White/
Wulfing von Rohr
Mondkraft
Leben nach den
Rhythmen des Himmels
96 Seiten, TB 19010-5

ECON TASCHENBÜCHER

ECON